KB275157

거룩한 충격이

Holy Shock Shapes Believers

신앙인을 만든다

김용대 지음

거룩한 충격이 신앙인을 만든다

지은이　김용대

발행일　초판 1쇄 발행 2025년 12월 18일
발행인　김도인
펴낸곳　글과길

출판사　등록 제2020-000078호[2020.5.29.]
　　　　서울특별시 송파구 삼학사로 19길 5 3층
　　　　wordroad29@naver.com
편집　박혜정
디자인　안영미
공급처　하늘유통
　　　　경기도 파주시 광탄면 분수리 350-3
　　　　전화 031—947-7777
　　　　팩스 0505-365-0691
　　　　©2025, Kim Do In allrights reserved
ISBN　979-11-994851-3-6　03230
값　15,000원

거룩한 충격이 신앙인을 만든다

Holy Shock Shapes Believers

김용대 지음

거룩한 충격이 신앙인을 만든다

글과길

추천사

성도의 꿈이 있습니다. 신앙생활 잘 하는 것입니다. 최고의 신앙생활은 일상을 통해 하나님을 잘 믿는 것입니다. 그 길을 제시하는 책이 『거룩한 충격이 신앙인을 만든다』입니다.

신앙생활 잘 하는 또 하나의 방법이 있습니다. 거룩한 충격을 받을 때입니다. 거룩한 충격을 받으면 이전과 다른 신앙생활을 합니다. 거룩한 충격을 받으면 엄청난 고백을 합니다. '하나님이 이 정도 분이었어, 너무 놀라워!', '와, 하나님의 사랑이 진짜구나!', '신앙생활만이 나를 바꿀 수 있구나.',

'이제부터 하나님을 위해 주저 없이 살고 싶다.'

성도는 신앙생활을 통해 거룩한 충격을 받지는 못할망정 익숙함으로 하지 않아야 합니다. 성도는 하나님의 은혜가 익숙해지지 않아야 합니다. 예배, 말씀 그리고 기도가 익숙해지지 않아야 합니다. 하나님이 신선하게 다가오도록 거룩한 충격을 받아야 합니다.

예수님은 하나님의 말씀에 거룩한 충격을 받았습니다. 믿음의 성도는 하나님의 말씀에 거룩한 충격을 받습니다. 예수님은 말씀의 거룩한 충격으로 기꺼이 십자가를 지셨습니다. 성도가 거룩한 충격을 받으면 헌신과 희생에 주저함이 없습니다.

저는 창세기 1장 1절의 "태초에 하나님이 천지를 창조하시느니라"에 거룩한 충격을 받아 하나님께 인생을 드렸습니다. 어떤 사람은 찬양으로 거룩한 충격을 받아 하나님을 위한 삶을 주저하지 않고 삽니다.

우리 시대에 필요한 것은 세상의 충격이 아니라 하나님의 충격을 받는 것입니다. 곧 거룩한 충격을 받는 것입니다. 거룩한 충격을 받으면 거룩한 삶으로 이끌림 받습니다.

독자 분들이 『거룩한 충격이 신앙인을 만든다』를 기쁨으로 읽기를 소망합니다. 그 다음 거룩한 충격을 받기를 기대

합니다. 거룩한 충격을 받아 하나님의 기쁨, 세상의 기쁨이 되는 삶을 사시기를 소망합니다.

김도인 목사

아트설교연구원 대표
저서로 『책 쓰기는 나를 쓰기다』 『설교는 글쓰기다』 『설교는 인문학이다』
『목회트렌드 2026』 『설교자와 묵상』 『설교트렌드 2026』 등이 있다

김용대 박사님의 설교집 『거룩한 충격이 신앙인을 만든다』를 추천하게 된 것을 매우 기쁘고 영광스럽게 생각합니다. 김 목사님은 침신대학교를 졸업하시고, 호서대학교 연합신학전문대학원에서 신약학을 공부하신 후 「사도행전의 베드로 상에 대한 주석적 연구」라는 제목으로 철학박사(Ph. D) 학위를 취득하신 학자입니다. 김 목사님의 목회 사역은 그리스도를 만난 영적 체험과 탄탄한 학문적 소양이 결합된 결과물이라는 것을 저는 이미 오래전부터 알고 있었습니다. 추천하기 위하여 찬찬히 목사님의 설교집 원고를 살펴보았습니다. 마지막 페이지까지 읽고 난 후 받은 제가 느낌은 감동과 도전이었습니다. 김용대 목사님은 매우 독특한 목회 철학을 가진 분으로 교회의 물량적 성장이 아니라 성도들을 주님의 제자로 성장시키는 데 자신의 생명을 모두 건 목회자입니다. 따라서 단순히 듣기 좋은 말씀에 익숙한 성도라면

이분의 설교는 무언가 낯선 메시지일 것으로 생각합니다. 매우 참신하지만, 곳곳에서 불편한 도전을 준다는 느낌마저 받게 될 것입니다. 본래 설교는 '읽는 것'이 아니라 '듣는 것'입니다. 그러나 읽는 설교는 듣는 설교가 줄 수 없는 또 다른 사색으로 우리를 초대합니다. 현실에 안주하여 하나님께서 주시는 도전의 의미를 곱씹어 보길 원하는 성도님이시라면, 이 설교집을 숙독하심으로써 얻는 소득과 기쁨이 매우 클 것이라 확신해 마지않습니다. 설교집의 제목처럼 많은 크리스천에게 '거룩한 충격'을 주게 될 것이라 믿습니다. 저 역시 김용대 박사님의 설교에 크게 은혜 받은 한 사람의 크리스천으로서 이 귀한 말씀을 다른 분들께도 기쁜 마음으로 추천하고 싶습니다.

유은걸 교수
호서대학교 연합신학전문대학원

우리의 신앙 여정에는 반드시 '거룩한 충격'이 필요합니다. 하나님께서 우리의 안일함을 깨우시고, 새로운 생명력으로 이끄실 때 그 충격은 두렵지 않고 은혜가 됩니다. 김용대 목사님의 이 책은 바로 그 은혜로운 충격으로 독자들을 초대합니다. 이 설교집에는 일상의 신앙을 뒤흔드는 하나님의 손

길이 담겨 있습니다. "죽음도 사명입니다", "기도의 창문을 닫지 않아야 합니다", "리셋하고 리스타트하십시오" 등 각 편의 메시지는 단순한 교훈이 아니라, 실제로 삶을 변화시키는 믿음의 불씨가 됩니다. 목사님은 탁월한 통찰로 성경 본문 속에 숨겨진 생명의 맥을 짚어내시며, 그것을 오늘의 현실과 마음 깊이 연결해 주십니다. 김용대 목사님은 늘 '말씀으로 깨어 있는 신앙'을 강조해 오셨습니다. 그분의 설교는 따뜻하지만, 결코 가볍지 않습니다. 삶의 깊은 고통과 현실을 외면하지 않되, 그 안에서 하나님의 뜻을 발견하도록 도전합니다. 이 책을 읽는 동안 우리는 단지 감동하는 데서 멈추지 않고, '나의 신앙이 다시 살아나는 자리'로 부르심을 받게 될 것입니다. 이 책은 평신도에게는 다시 한 번 믿음의 방향을 새롭게 잡게 하는 나침반이요, 목회자에게는 설교가 어떻게 사람의 심령을 변화시키는가를 보여주는 귀한 모델이 될 것입니다. "거룩한 충격이 신앙인을 만든다"라는 제목처럼, 이 책을 읽는 모든 분의 삶에도 성령의 충격이 임하여, 새로운 순종과 변화의 열매가 맺히기를 진심으로 축복합니다.

임도균 박사

한국침례신학대학교 설교학 교수, 한국복음주의실천신학회 회장

하나님은 시대마다 하나님의 마음을 전할 자를 세우셨습니다. 김용대 목사님은 이 시대 하나님의 심정을 가진 소중한 목회자이자 설교자입니다. 추천서를 부탁받고 설교집을 여는 순간 제목부터 말씀을 듣고 싶고 어서 읽어보고 싶은 충동을 느꼈습니다. 목사님의 설교는 저의 이런 간절함을 실망시키지 않았습니다. 한 페이지 한 페이지를 넘겨 갈 때마다 성령의 어루만지심과 인도하심 앞으로 인도했습니다. 목사님의 설교는 제목에서부터 무엇을 전하려는지를 분명하게 제시하고 있으며 본문과 일관성 있게 전개하면서 청중을 구체적인 삶으로 인도하고 있습니다. 이 말씀을 받는 모든 분이 말씀 안에서 위로를 받으며 성령께서 주시는 거룩한 충격으로 새롭게 되기를 기도합니다. 외치는 자가 많이 있지만, 예수 복음의 생수가 메말라가는 이 시대에 귀한 말씀으로 참된 해갈을 얻는 소중한 은혜 있기를 간절히 추천합니다.

최 식박사
다산중앙교회 담임목사, CPS 관점설교학교 교수

『거룩한 충격이 신앙인을 만듭니다』는 종교적 언어를 넘어 인간 존재의 내면을 깊이 흔드는 통찰을 담아냅니다. 오

늘날 많은 이들이 신앙을 하나의 정보나 문화적 취향 정도
로 소비하는 시대에, 신앙이란 결국 "내 삶을 뒤집는 충격"
에서 시작된다는 사실을 새롭게 제시해줍니다.

이 책은 침례 요한, 삭개오, 야곱, 다니엘 등 성경 속 인물
들의 삶을 '거룩한 충격'이라는 개념으로 연결합니다. 특히
변화를 두려워하는 현대인의 심리를 날카롭게 비추며, 익숙
함 속에 머물려는 신앙이 어떻게 자기모순에 빠지는지 설득
력 있게 짚어냅니다. 저자는 은혜를 감정적 소비로 전락시키
는 '은혜 중독'을 지적하고, 은혜란 결국 "흐를 때 생명력이
있습니다"라는 깊은 통찰을 제시합니다.

이 책은 '앎'과 '살아냄'의 차이를 묻습니다. 지식의 축적
이 아닌 존재의 전환을 강조하는 메시지는 신앙인뿐 아니라
자신의 삶을 다시 회복하고자 하는 이들에게 울림을 줍니다.
가장 위대한 연주자는 노래를 잃어버린 사람들의 굳어버린
심장을 다시 켜서 노래하는 시인을 만드는 사람이듯 저자는
15편의 설교를 통해 형식적인 신앙생활을 하는 식은 가슴에
불을 지펴줍니다.

독자는 이 책을 통해 자신의 삶을 관통하는 한 문장을 만
나게 될 것입니다. "변화는 충격에서 시작됩니다." 저자는 그
충격을 두려움이 아닌 소명으로 받아들이는 용기를 부여하

는 깊고 단단한 사유의 여정을 선물합니다.

유수영 목사

제주 함께하는교회 담임목사
저서로 『창세기에서 하나님의 마음을 읽다』가 있다

이 책은 삶 전체를 뒤흔드는 거룩한 충격을 통해 은혜의 중독에서 깨어나 새로운 삶의 방식과 신앙의 태도와 목표를 다시 설정하고 실천하도록 돕습니다. 그리스도인의 죽음이 사명의 삶이 될 수 있도록 신앙인으로서 삶의 의미와 가치를 새롭게 세우게 합니다. 또한, 예수님을 닮아 후속의 신앙 영웅으로 살아가며, 후속의 생명력을 넘치도록 부으시는 성령님이 우리의 삶을 디자인하게 하시도록 우리 자신을 내어드리는 거룩한 순종을 배우게 하며, 성령님이 우리의 인생을 디자인할 때 성령의 열매와 능력으로 우리 자신과 가정과 교회 공동체와 세상에 복음의 영향력을 주는 그리스도인으로 성장하도록 구체적으로 안내해주는 실천적 신앙 안내서입니다. 또한, 하나님의 계획안에서 우리가 얼마나 존귀하고 가치 있는 존재인지 깨닫게 하며, 아들까지 우리를 위해 내어주신 하나님의 사랑 안에서 존귀한 우리의 인생이 이 땅에서 어떻게 살아가야 하는지를 방향을 안내하며 실천적 방법을 제시합니다. 이 책은 모든 삶의 신앙 영역을 점검하고 새롭게 리셋(Reset)하고 리스타트(Restart) 할 수 있도록 안내해주는 강력하면서 은혜가 넘치는 영적 지침서와 같은 책입니다. 청지기 교회 주일 예배 중 현장에서 직접 들었던 은혜로 충만했던 감동적인 귀한 설교 말씀을 다시 책을 통하여 마음 판에 생명의 메시지로 더욱 진하게 기록하며 청지기 교회 성도로서 자부심과 긍지를 느낍니다. 끝으로 이 시대를 사는 수많은 그리스도인이 복음의 거룩한 충격으로 진정한 신앙인으로 성장할 수 있도록 돕는 이 책을 필독하도록 추천합니다.

정윤진 코치
대전 청지기교회 집사, 서번트 코칭 연구소 소장

프롤로그

믿음은 단순한 정보의 축적이나 일시적인 감정의 문제가 아닙니다. 진정한 믿음은 삶 전체를 뒤흔드는 '거룩한 충격'(Holy Shock)에서 비롯됩니다. 오늘날 많은 신앙인이 수많은 설교를 듣고, 좋은 책을 읽으며 은혜를 체험하지만, 정작 우리의 삶은 여전히 변하지 않은 채 그 자리에 머물러 있습니다. 마치 교회에서 늘 앉던 자리를 바꾸지 않는 것처럼 말입니다. 왜일까요? 그 이유는 은혜에 익숙해졌지만, 충격에 반응하지 않기 때문입니다. 충격 없는 은혜는 감탄에서 그치지만, 충격이 동반된 은혜는 반드시 순종을 낳습니다.

이 책은 신앙의 본질과 성장의 길이 단순한 습관이나 점진적 개선이 아니라, 하나님과의 강렬한 만남과 근본적인 전환에 있다는 확신 위에서 집필되었습니다. 성경 속 모든 믿음의 인물들은 '충격적인 만남'을 통해 신앙의 여정을 시작했습니다. 사도 바울은 다메섹 도상에서 예수님을 만나는 순간, 전 존재가 흔들리는 거룩한 충격을 경험했습니다. 세리장 삭개오는 예수님의 한 마디에 삶 전체가 뒤바뀌었고, 새로운 가치의 대전환을 맞이했습니다. 모세, 이사야, 베드로 또한 하나님의 임재 속에서 거룩한 충격을 받아 전혀 다른 존재가 되었습니다.

우리는 흔히 익숙함과 안전에 머무르는 신앙을 선택하지만, 성경 전체가 보여주는 하나님의 부르심은 언제나 기존 질서를 흔들고 새로운 각성을 요구합니다. 오늘 우리에게 필요한 것도 바로 이런 거룩한 충격입니다.

거룩한 충격은 때때로 불편함과 당혹스러움을 동반합니다. 우리의 안전지대를 흔들고, 익숙한 신앙의 틀을 깨뜨립

니다. 자기중심에서 하나님 중심으로, 형식에서 생명력 있는
관계로, 받기만 하는 신앙에서 나누는 신앙으로 나아가는 전
환은 결코 편안하지 않습니다. 그러나 그 과정을 통해 신앙
의 깊이는 자라나고, 삶의 방향은 뚜렷해지며, 사명의 불꽃
은 타오르게 됩니다. 이 충격을 견디고 받아들일 때, 우리는
하나님의 뜻을 따르는 진정한 신앙인으로 거듭납니다.

이 책은 평범한 신앙생활 속에서 다시 한번 하나님을 만
나는 거룩한 순간을 선물하고자 집필되었습니다. 15편의 설
교는 성경 본문을 바탕으로, 우리의 삶을 깨우는 근본적인
질문과 영적 통찰을 제시합니다. 침례 요한의 죽음을 통해
사명의 본질을 묻고, 다니엘의 기도를 통해 흔들리지 않는
내면을 세우며, 야곱의 벧엘 경험 속에서 리셋(Reset)과 리
스타트(Restart)의 영적 원리를 발견합니다.

또한, 은혜에만 머무는 신앙에서 벗어나 삶에 말씀을 기
록하는 천국의 서기관으로, 변명의 함정에서 나와 온전한 순
종의 길로 나아가도록 이끌 것입니다. 예수님을 벤치마킹하
며 나를 성령으로 디자인하고, 후숙의 영웅으로 성숙해가는
길을 제시합니다.

거룩한 충격은 단지 감정적 동요가 아니라 하나님의 은혜가 나의 삶 깊은 곳을 건드리는 사건입니다. 표면이 아닌 뿌리를, 습관이 아닌 본질을, 형식이 아닌 생명을 만지는 경험입니다. 이 책을 읽는 모든 분이 하나님으로부터 거룩한 충격을 경험하는 신앙인이 되어, 그 충격이 개인에게 머물지 않고 가정과 교회, 세상으로 퍼지는 거룩한 변화의 불씨가 되기를 간절히 소망합니다.

변화는 지금, 이 순간부터 시작됩니다.

2025년 가을
청지기교회 담임목사 김용대

01

죽음도
사명입니다

전에 헤롯이 자기가 동생 빌립의 아내 헤로디아에게 장가든 고로

이 여자를 위하여 사람을 보내어 요한을 잡아 옥에 가두었으니

이는 요한이 헤롯에게 말하되 동생의 아내를 취한 것이 옳지 않다 하였음이라

헤로디아가 요한을 원수로 여겨 죽이고자 하였으되 하지 못한 것은

헤롯이 요한을 의롭고 거룩한 사람으로 알고 두려워하여 보호하며

또 그의 말을 들을 때에 크게 번민을 하면서도 달갑게 들음이러라

마침 기회가 좋은 날이 왔으니 곧 헤롯이 자기 생일에 대신들과 천부장들과

갈릴리의 귀인들로 더불어 잔치할새

헤로디아의 딸이 친히 들어와 춤을 추어 헤롯과 그와 함께 앉은 자들을 기쁘게 한지라

왕이 그 소녀에게 이르되 무엇이든지 네가 원하는 것을 내게 구하라 내가 주리라 하고

또 맹세하기를 무엇이든지 네가 내게 구하면 내 나라의 절반까지라도 주리라 하거늘

그가 나가서 그 어머니에게 말하되 내가 무엇을 구하리이까

그 어머니가 이르되 침례 요한의 머리를 구하라 하니

그가 곧 왕에게 급히 들어가 구하여 이르되 침례 요한의 머리를 소반에 얹어

곧 내게 주기를 원하옵나이다 하니

왕이 심히 근심하나 자기가 맹세한 것과 그 앉은 자들로 인하여 그를 거절할 수 없는지라

왕이 곧 시위병 하나를 보내어 요한의 머리를 가져오라 명하니

그 사람이 나가 옥에서 요한을 목 베어

그 머리를 소반에 얹어다가 소녀에게 주니 소녀가 이것을 그 어머니에게 주니라

요한의 제자들이 듣고 와서 시체를 가져다가 장사하니라

___ 마가복음 6:17-29절

의를 위해 살다가 죽어야 합니다

우리말에서 '잘'이라는 단어는 이중적인 표현을 가지고 있습니다. '잘 생겼다'는 말은 정말 잘 생긴 것을 의미하기도 하지만, 생김을 비꼬는 경우에도 쓰이지요. '잘 한다'는 말도 그렇습니다. 칭찬받을 만하게 잘한다는 말인지, 그 하는 행태가 못 봐주겠어서 혼내고 비난하는 말인지 상황과 맥락에 따라 의미가 달라집니다. 이렇듯 '잘'이라는 말은 특별히 '잘 써야'하는 말 중의 하나입니다.

오늘 성경에는 '잘'이 '죽음'과 함께 붙은 이야기가 나옵니다. "잘 죽었다." 두 개의 단어, '잘'과 '죽다'가 만든 이 짧은 한 문장에는 정반대되는 두 가지 뜻이 있습니다. 한 가지는 그 사람의 비열한 삶의 내용을 비꼬며 응당히 맞을 결말을 맞게 되었음을 뜻하고 있습니다. 다른 한 가지는 개인의 죽음이 비단 개인의 삶에만 영향을 미치는 것이 아니라 많은 사람을 살리고, 민족과 나라를 새롭게 하는 '가치 있는 죽음, 귀한 죽음, 멋진 죽음'을 말합니다. 이처럼 죽음은 죽음 자체만이 아닌 그 사람의 삶의 내용까지도 연결되어 있습니다. 우리가 만나볼 죽음은 두 번째 의미를 지니는 죽음입니다. 침례 요한의 죽음은 겉으로 보기에는 비참하고 억울해 보입니다. 하지만 침례 요한의 죽음은 '아주 잘 죽은 죽음'입니다. 진정한 죽음의 가치는 어떻게 죽느냐가 아니라 무엇을 위해 살다가 죽었느냐에 있기 때문입니다.

왜 침례 요한의 죽음을 '아주 잘 죽은 죽음'이라고 할 수 있을까요?

첫째, 그는 하나님이 주신 사명을 끝까지 충성스럽게 감당했기 때문입니다. 예수님께서 "여자가 낳은 자 중에 가장 큰 자"라고 평가하신 침례 요한은 메시아의 길을 예비하는 특별한 사명을 받았습니다.

둘째, 그는 아무도 말하지 못하는 진리를 담대하게 선포했기 때문입니다. 헤롯 안디바가 동생 빌립의 아내 헤로디아를 탈취하여 결혼한 것은 당시 모든 도덕과 율법을 무너뜨리는 극도로 타락한 행위였습니다. 권력 앞에서 모든 사람이 입을 다물고 있을 때, 오직 침례 요한만이 왕의 죄를 공개적으로 책망했습니다.

셋째, 예수님의 침묵이 이를 증명합니다. 침례 요한의 죽음 소식을 들은 예수님이 아무 말씀도 하지 않으신 것은 그가 사명을 완수하고 '아주 잘 죽었기' 때문에 더는 할 말이 없었던 것입니다.

예수님의 죽음도 멋있습니다. 먼저는 하나님을 위해서 죽었습니다. 다음으로 죄인들을 살리기 위해서 죽었습니다. 침례 요한의 죽음은 우리의 죽음이 어떠해야 하는가를 말해줍니다.

중국의 철학자 맹자는 어떤 도의를 위해서라면 죽는 편이 낫다고 합니다. "생선요리도 내가 먹고 싶은 것이고 곰발바닥 요리도 내가 먹고 싶은 것이지만 두 가지를 모두 먹을 수 없다면 나는 생선요리를 버리고 곰발바닥요리를 택할 것입니다. 삶도 내가 원하는 것이고 도의도 내가 원하는 것이지만, 두 가지를 다 가질 수 없다면 나는 삶을 버리고 도의를 택할 것입니다." 맹자는 도의를 택해야 한다고 말합니다. 침례 요한은 도의를 택했습니다. 요한은 헤롯에게 동생의 아내를 위한 것이 옳지 않다고 말했습니다(18절). 침례 요한이 어떤 사람인지 헤롯은 이미 알고 있습니다. 침례 요한은 의롭고 거룩한 사람입니다(20절).

잘 죽는 것은 진리를 위해 살다가 죽는 것입니다. 많은 사람은 자기 유익을 쫓다가 죽습니다. 침례 요한은 달랐습니다.

하나님께서 주신 사명을 잘 감당하는 것이
우리의 할 일입니다

침례 요한의 죽음 과정을 자세히 살펴보겠습니다. 헤롯의 생일잔치에서 헤로디아의 딸이 춤을 추자, 술에 취한 헤롯이 충동적으로 "무엇이든지 원하는 것을 다 주겠다"라고 약속했습니다. 헤로디아는 이를 복수의 기회로 삼아 딸을 통해 "침례 요한의 목을 소반에 담아서 달라"고 요구합니다.

겉으로 보면 이는 한 여인의 복수심과 어린아이의 재롱, 그리고 왕의 충동적 약속이 빚어낸 우연한 비극처럼 보입니다. 하지만 하나님의 관점에서 보면, 이 모든 과정은 하나님의 섭리 가운데 있었습니다. 침례 요한은 자신에게 맡겨진 사명을 끝까지 포기하지 않았기 때문입니다.

이는 우리에게도 동일하게 적용됩니다. 사명이라고 해서 모두 침례 요한처럼 거창한 것이 아니라 소소할 수 있습니다. 중요한 것은 사명이 누구로부터 왔느냐는 것입니다. 우리는 사명을 하나님이 주신 것으로 알아야 합니다. 하나님께서 사명을 주셨으므로 이루어야 합니다. 그 사명을 단념할 수 없습니다. 우리에게 주신 사명이 있습니다.

첫째, 여러분의 사명은 자녀를 경건하게 키우는 것입니

다. 매일 아침 아이들을 깨우며 짜증 내지 말고, "오늘도 하나님이 주신 귀한 하루"라고 말해주셔야 합니다. 아이가 실수할 때 소리부터 지르지 말고, 먼저 기도하며 어떻게 사랑으로 훈계할지 생각해보아야 합니다. 자녀의 성적과 외모가 어떻든지 간에 존재 자체로 귀하다고 해 주셔야 합니다. 자녀에게 성경을 가르치는 것보다 먼저 부모인 내가 말씀대로 사는 모습을 보여주는 것이 사명입니다.

신발도 사명이 있습니다. 신발의 사명은 닳아서 없어지는 것입니다. 아끼다가 똥 되는 것보다 주인의 발에 신겨서 수백 수천 킬로미터를 다니고 휴지통에 들어가는 것이 신발에게는 가장 영광스러운 사명입니다. 부모의 사명도 마찬가지입니다. 나의 자녀를 모든 것을 갈아서라도 경건한 자녀로 키우는 것입니다.

둘째, 우리의 사명은 정직하게 일하는 것입니다. 회사에서 모든 사람이 부정을 저지를 때 혼자라도 정직하게 일하는 것입니다. 상사가 불의한 일을 지시할 때 지혜롭게 거절하는 용기로 직장 생활 하는 것입니다. 동료들이 험담할 때 험담에 함께하지 않고, 오히려 그 사람의 장점을 이야기하는 것입니다. 정직하게 직장 생활한다는 것은 회사의 작은 것 하나라도 집에 가져가지 않는 것입니다.

셋째, 교회에서의 사명은 다른 성도를 섬기는 것입니다. 성도를 섬기는 것이 부담된다면 예배 후 의자를 정리하는 작은 일부터 섬기십시오. 새 신자가 오면 먼저 다가가 인사하십시오. 목사님을 비판하기보다는 하나님의 나라를 위해 쓰임 받기 위해 중보기도 해 주십시오. 헌금할 때 남이 보든 안 보든 하나님 앞에 정직하게 드리십시오. 어느 마을 주민의 사명이 있습니다. '더 나은 방법은 없는지'를 항상 생각하는 것입니다. 교회의 성도로서 더 나은 방법으로 신앙 생활할 수 있는 방법을 찾는 것이면 좋겠습니다.

넷째, 시민으로서의 사명입니다. 예배를 마치면 나가는 순간부터 교통법규를 잘 지켜야 합니다. 신호등에 따라 행동해야 합니다. 세금을 정직하게 내며, 환경을 보호하십시오. 길에서 쓰레기를 버리지 말고, 오히려 다른 사람이 버린 쓰레기를 주워 버리십시오. 선거 때는 기도하며 올바른 후보를 선택하십시오. 시민으로서의 사명을 지키는 것이 성도의 사명입니다.

미국의 스탠퍼드대학 경영대학원의 슬로건이 있습니다. "인생을 바꾸고 조직을 바꿔서 세상을 바꾼다"입니다. 청지기교회의 슬로건이 있습니다. "사람을 바꾸고 교회를 바꿔서 세상을 하나님 나라를 일군다"입니다.

사명을 감당하기 위해 기도해야 합니다

침례 요한은 사명을 감당하다가 죽음의 위기에 몰립니다. 우리도 침례 요한처럼 사명을 감당하다가 어려움을 당할 수 있습니다. 정직하게 살다가 손해를 볼 수도 있고, 진리를 말하다가 미움을 받을 수도 있습니다. 그럴 때 좌절하지 마십시오. 하나님은 우리의 모든 희생을 기억하고 계십니다.

성도라면 사명을 충실하게 감당하려 합니다. 하지만 여러 가지 사정으로 사명을 감당하지 못할 수 있습니다. 우리의 영적 나약함으로 사명을 감당하지 못할 수 있습니다. 힘이 부족해 사명을 완전히 다하지 못할 때도 있습니다. 부모로서 자녀에게 내지 않아도 될 화를 냈다면 미안하다고 말하십시오. 오늘 미안하다고 말해야 합니다. 직장에서 상사나 동료에게 거짓을 말했다면 용기 내어 사과하십시오. 교회에서 성도를 비판했다면 그 사람에게 가서 용서를 구하십시오. 완벽함이 아니라 진실함이 하나님이 원하시는 것입니다.

우리가 사명을 감당하기 위해 진실하게 기도해야 합니다. 아침에 일어나면 '하나님, 오늘 제게 주신 사명이 무엇인지 알려주세요.'라고 기도하십시오. 하루를 마칠 때는 '하나님, 오늘 사명을 잘 감당했는지 돌아봅니다. 내일은 더 잘하게

도와주세요.'라고 기도하십시오.

잘 죽는 길을 사명으로 삼아야 합니다

삶에서 죽음을 피할 수 있는 사람은 아무도 없습니다. 하지만 죽음에 이르는 방법은 중요하지 않습니다. 중요한 것은 무엇을 위하여 살았는지, 어떤 삶을 살다가 죽었는지가 중요합니다. 성도는 삶의 끝자락을 생각할 때, 스스로 물어봐야 합니다. "나는 어떤 마무리를 원하고, 무엇을 위해 그 끝을 선택할 것인가?" 침례 요한에게 삶의 마무리는 예수님을 위한 준비였습니다. 그는 예수님이 공생애를 시작할 때가 되자 죽음을 준비했습니다. 그가 헤롯을 질책할 때 하나님께 물었을 겁니다. '저의 마무리가 마음에 드시는지요?'

죽음은 인간이 선택할 수 없습니다. 동시에 죽음은 인간이 쥔 마지막 자유이기도 합니다. 침례 요한은 헤롯을 꾸짖는 자유를 가졌습니다. 그는 '오늘'을 죽어야 할 시점으로 보았습니다. 우리는 죽음에 대해 생각할 때마다 마음에 새길 것이 있습니다. 오래 살아야 잘 죽는 것이 아닙니다. 편안하게 죽어야 잘 죽는 것도 아닙니다. 아주 잘 죽는 것은 하나님의 사명을 충성스럽게 감당하고 죽는 것입니다.

잘 죽는 것이 사명이라면 살아 있을 때 어떻게 살 것인가를 고민해야 합니다. 오늘부터 각자에게 주어진 삶의 현장에서 작은 사명부터 충실하게 감당하십시오. 가정에서, 직장에서, 교회에서, 사회에서 하나님이 기뻐하시는 삶을 사십시오. 실패해도 다시 일어나고, 넘어져도 포기하지 마십시오.

잘 죽는 것은 먼저 믿음으로 사는 것으로 시작합니다. 믿음이란 마음의 역동적인 갈망이기 때문입니다. 인간의 마음은 궁극적인 것을 추구하는 경향이 있습니다. 우리가 추구할 것은 하나님을 만나는 것입니다. 하나님의 은혜를 사모하는 것입니다. 죽음으로 믿음으로 이기며 사는 것입니다.

> 우리가 감당할 사명은 하나님 안에서 죽는 것입니다.
> 하나님의 의를 이루다가 죽는 것입니다.
> 하나님이 주신 사명을 감당하다가 죽는 것입니다.
> 사명을 다하는 삶을 사라지지 않는 삶이며,
> 영원히 기억되는 삶입니다.

우리는 침례 요한처럼 사명을 다하고 죽는 자가 되어야 합니다. 하나님으로부터 "잘했다, 착하고 충성된 종아."라는 칭찬을 받는 우리 모두가 되시기를 주님의 이름으로 축복합니다.

예수님을
만나면
거룩한 충격이
일어납니다

예수께서 여리고로 들어가 지나가시더라

삭개오라 이름하는 자가 있으니 세리장이요 또한 부자라

그가 예수께서 어떠한 사람인가 하여 보고자 하되

키가 작고 사람이 많아 할 수 없어

앞으로 달려가서 보기 위하여 돌무화과나무에 올라가니

이는 예수께서 그리로 지나가시게 됨이러라

예수께서 그 곳에 이르사 쳐다 보시고 이르시되 삭개오야 속히 내려오라

내가 오늘 네 집에 유하여야 하겠다 하시니

급히 내려와 즐거워하며 영접하거늘

뭇 사람이 보고 수군거려 이르되 저가 죄인의 집에 유하러 들어갔도다 하더라

삭개오가 서서 주께 여짜오되 주여 보시옵소서

내 소유의 절반을 가난한 자들에게 주겠사오며

만일 누구의 것을 속여 빼앗은 일이 있으면 네 갑절이나 갚겠나이다

예수께서 이르시되 오늘 구원이 이 집에 이르렀으니

이 사람도 아브라함의 자손임이로다

인자가 온 것은 잃어버린 자를 찾아 구원하려 함이니라

__ 누가복음 19:1-10절

진정한 변화는 거룩한 충격으로부터 옵니다

세상에 변하지 않는 것은 무엇일까요?

수수께끼 하나를 내겠습니다. 세상에 변하지 않는 것이 있을까요? 사람도 사랑도 믿음도 통장 잔고도 모두 변합니다. 그러나 단 한 가지, 시간의 흐름만큼은 언제 어디서나 누구에게나 공평하게 흘러갑니다. 시간은 멈추거나 거꾸로 흐르지 않습니다. 시대가 바뀌어도 시간은 계속 앞으로 나아갑니다. 그러나 시간의 공평한 흐름이 우리에게 희망을 주지는 못합니다. 두 번째 수수께끼를 내겠습니다.

무엇의 변화가 세상에 희망이 되고 빛이 될 수 있을까요?

바로, 사람입니다. 사람의 변화는 세상에 빛이 될 수 있습니다. 사람이 변해야 세상에 희망을 줄 수 있습니다. 그래서 우리는 시간의 흐름을 기대하는 것이 아니라 도리어 사람의 변화를 기대해야 합니다. 하나님의 아들 예수님께서 인자가 되심으로 세상에 엄청난 변화가 일어났습니다.

사람이 변해야 합니다. 그런데 정작 변해야 할 것, 곧 사람의 마음은 쉽게 변하지 않습니다. 시간은 모든 사람에게 공평하지만, 변화는 모든 사람에게 공평하지 않습니다. 우리는 수많은 설교를 듣고, 좋은 책을 읽고, 깊은 감동을 받습니다. 그러나 감동이 곧 변화로 이어지지는 않습니다. 여전히 변하지 않은 채 그 자리에 머물러 있습니다. 마치 삶의 습관과 태도가 오랜 세월 고착된 것처럼 말입니다.

사람에게는 본질적으로 관성의 법칙이 존재합니다. 외부의 압력이 없으면 변화보다는 현상 유지를 선택합니다. 변화에는 에너지가 필요하고, 고통이 따르기 때문입니다. 그래서 인간은 변화를 원하면서도 동시에 변화를 거부하는 모순된 모습을 보여줍니다.

그렇다면 무엇이 사람을 바꿀 수 있을까요? 거룩한 충격만이 진정한 변화를 만듭니다. 사람을 바꾸는 것은 인간의 힘으로는 가장 어렵지만, 하나님과의 거룩한 만남으로는 가장 쉬운 일입니다. 그 차이는 단 한 번의 거룩한 만남 여부에 있습니다.

오늘 우리가 만날 삭개오의 이야기가 그 해답을 생생하게 증명해줍니다. 그는 예수님과의 거룩한 만남으로 아브라

함의 자녀가 됩니다. 9절에 "예수께서 이르시되 오늘 구원이
이 집에 이르렀으니 이 사람도 아브라함의 자손임이로다."
라고 말씀합니다. 거룩한 만남으로 하나님의 자녀가 되었습
니다.

삭개오는 달랐습니다. 그는 단 한 번의 거룩한 만남으로
완전히 새로운 사람이 되었습니다. 평생 돈과 자신만을 위해
살던 사람이 순간에 재산의 절반을 내놓겠다고 선언합니다.
"주여 보시옵소서 내 소유의 절반을 가난한 자들에게 주겠
사오며 만일 누구의 것을 속여 빼앗은 일이 있으면 네 갑절
이나 갚겠나이다." 이는 단순한 감정의 변화가 아니라 근본
적인 가치관의 대전환입니다.

물론 어떤 사람은 점진적으로 변하기도 합니다. 그러나
삭개오의 이야기는 우리에게 진정한 변화가 때로는 순간적
전환으로 찾아올 수 있음을 보여줍니다. 예수님과의 거룩한
만남은 그에게 충격으로 다가왔고, 그 충격은 그의 삶을 완
전히 새롭게 만들었습니다.

진정한 변화는 거룩한 충격을 통해 가능합니다. 거룩한
예수님을 만남으로 이루어집니다.

예수님과의 만남이 인생을 바꿔줍니다

거룩한 충격으로 삭개오는 인생이 바뀌었습니다. 사람이 가치관이 바뀌면 행동이 바뀌고, 행동이 바뀌면 운명이 바뀝니다. 하위 가치에서 상위 가치로, 땅의 가치에서 하늘의 가치로 그의 인생 좌표가 완전히 바뀝니다.

무엇이 이런 변화를 가능하게 했을까요? 삭개오는 거룩한 충격을 받았습니다. 첫 번째 충격은 예수님이 자신의 이름을 아신다는 사실이었습니다. "삭개오야, 속히 내려오라 (5절)." 한 사람의 이름을 기억한다는 것은 그 사람의 존재를 인정한다는 가장 깊은 표현입니다.

삭개오라는 이름의 뜻은 '의인', '의로운 자'입니다. 부모의 간절한 기대를 담고 태어난 이름이었지만, 세리가 된 후 그 누구도 그를 의인으로 불러주지 않았습니다. 오히려 그의 이름은 부끄러움과 열등감의 상징이었습니다.

이름이란 그 사람의 정체성이자, 존재의 증명입니다. 지금 그의 정체성은 세리장이자 부자(2절)입니다. 당시 그는 나쁜 사람 중의 하나인 세리장이었습니다. 예수님께서 그런 그의 이름을 불러주셨습니다. 예수님께서 삭개오라는 이름을 부르는 순간, 그는 이렇게 들었을 것입니다. "너는 의인이다. 나는 너를 진정한 의로운 사람으로 만들어 줄 것이다.”
예수님께서는 한 사람의 이름을 존중하여 부르는 것만으로
도 그의 인생을 바꿀 수 있습니다. 그런 예수님께서 돌무화
과나무에 올라가 있는 삭개오를 불렀습니다.

두 번째 충격은 주도권의 반전이었습니다. 삭개오는 예수
님을 보려고 뽕나무에 올라갔습니다. 키가 작은 그가 할 수
있는 최선의 노력이었습니다. 하지만 놀랍게도 예수님이 먼
저 삭개오를 찾고 계셨습니다. 우리가 하나님을 찾는다고 생
각하지만, 사실은 하나님이 먼저 우리를 찾고 계십니다. 먼저
찾고 계셨기에 삭개오라는 이름을 먼저 부르셨습니다. 예수
님께서 뽕나무 위를 쳐다보시고 한 마디 하십니다. “삭개오
야 속히 내려오라 내가 오늘 네 집에 유하여야 하겠다(5절).”
보통은 집주인이 손님을 초대하는 것이 상식입니다. 오히려
예수님은 명령조로 삭개오의 집에 머물겠다고 하십니다.

삭개오는 예수님을 만남으로 인생이 바뀝니다. 예수님과
의 만남은 인생을 전혀 다른 사람으로 바꾸어줍니다. 오늘
우리가 만날 대상은 예수님입니다. 예수님을 만날 때 거룩한
초대를 받습니다. 그리고 인생이 바뀝니다.

예수님은 우리를 만남으로 바꾸십니다

예수님은 우리를 만나고 싶어 하십니다. 우리는 그분의 초대에 응하기만 하면 됩니다. 우리를 초대하시는 것은 그 안에 진정한 사랑이 있기 때문입니다. 진정한 사랑이란 상대방이 감히 요청할 수 없는 것을 먼저 베푸는 것입니다. 예수님의 무례해 보일 수도 있는 이 요청 뒤에는 깊은 사랑이 숨어 있습니다.

예수님은 삭개오의 마음을 정확히 아셨습니다. 그동안의 추악한 모습 때문에 감히 주님을 초대할 용기가 없는 삭개오의 마음을 말입니다. 여기서 예수님의 사랑이 어떤 것인지 알 수 있습니다. 예수님의 사랑은 다가가는 사랑입니다. 사랑은 기다리지 않습니다. 사랑은 먼저 다가갑니다. 다가가는 사랑의 예수님이 주도권을 잡습니다. 그 주도권으로 삭개오의 마음의 장벽을 허물어버립니다.

복음이란 무엇입니까? 우리가 하나님을 사랑하기 전에 하나님이 먼저 우리를 사랑하셨다는 것입니다. 이것이 복음의 핵심입니다. 이처럼 거룩한 충격은 삭개오에게만 국한된 것이 아닙니다. 우리 모두에게 일어날 수 있는 일입니다.

성경은 진정한 변화가 어떻게 일어나는지 분명히 보여줍

니다. 예수님을 만남으로 변화가 일어납니다. 오늘 삭개오에게 회개가 일어났습니다. 예수님을 만남으로 회개를 합니다. 내 소유의 절반을 가난한 자들에게 주겠다(8절)고 합니다.

예수님이 삭개오를 만남으로 진정한 변화가 일어났습니다. 삭개오가 회개를 합니다. 회개란 마음을 돌이키는 것이고, 거듭남은 위로부터 나는 것이며, 새 창조는 그리스도 안에서 새로운 피조물이 되는 것입니다. 이런 역사가 삭개오에게 일어났습니다. 오늘 우리에게도 일어나야 합니다.

하나님은 사람을 변화시키는데 교리를 통해서 하지 않으십니다. 만남을 통해서 하십니다. 삭개오를 바꾸신 것을 보고 알 수 있습니다. 우리가 변화되기 원한다면 예수님을 만나면 됩니다. 예수님을 만나면 우리가 바뀝니다.

하나님은 관계적 존재이십니다. 변화는 추상적 교리나 윤리적 가르침이 아닌, 인격적 만남을 통해 일어납니다. 하나님의 사랑이 우리 마음에 부어졌다면 우리에게 주신 성령으로 말미암음입니다. 거룩한 충격적인 변화는 바로 이 하나님과의 인격적 만남에서 비롯됩니다.

진리는 알면 자유하게 하지만, 만남은 변화시킵니다. 진정한 사랑은 상대방이 감히 요청할 수 없는 것을 먼저 베푸는 것입니다. 한 학교 선생님이 문제아로 낙인찍힌 학생의 이름을 매일 정중하게 불러주었더니, 몇 달 후 그 학생은 완전히 달라졌습니다. 작은 관심 하나가 한 사람의 운명을 바꿀 수 있습니다. 작은 관심이 만남입니다.

가정에서 버림받은 청소년이 교회 공동체와의 만남으로 무조건적 사랑을 경험함으로 인생이 바뀐 경우가 수없이 많습니다. 성공만을 추구하던 사업가가 선교지에서 가난한 사람들을 만나고 인생의 목적이 완전히 바뀐 것처럼, 더 큰 가치를 발견할 때 거룩한 충격이 일어납니다.

거룩한 충격은 전염을 일으킵니다

거룩한 충격은 전염됩니다. 받은 사람이 주는 사람이 됩니다. 동시에 조건 없는 수용이 조건없이 주는 사람이 됩니다. 삭개오를 통해 배우는 것 중 하나가 조건 없는 수용이 주는 거룩한 충격의 능력이라는 것입니다.

존경받는 방지일 목사님의 말씀처럼, "언제나 어디서나 내가 당한 일은 내 죄보다 가볍다"라는 진리를 깨달아야 합니다. 이를 깨달은 삭개오는 이제 더 이상 억울함이나 원망에 얽매이지 않았습니다. 내 억울함이 내 죄보다 가볍기 때문입니다.

삭개오는 예수님의 은혜를 받았습니다. 은혜를 받은 삭개오가 은혜를 흘려보냅니다. 그렇습니다. 은혜를 받은 사람은 은혜를 흘려보내는 사람이 됩니다. 삭개오가 받은 거룩한 충격은 그의 인생을 완전히 바꾸어 놓았을 뿐만 아니라, 그의 변화된 삶 자체가 주변 사람들에게 또 다른 거룩한 충격이 되었을 것입니다. 거룩한 만남으로 시작된 거룩한 충격이 변화된 한 사람으로 인해 세상을 바꾸는 시작점이 됩니다.

그렇다면 우리는 어떻게 해야 할까요? 먼저 우리는 예수님으로부터 거룩한 충격을 받아야 합니다. 거룩한 충격으로 하나님의 사랑을 깨닫는 순간, 우리의 모든 가치관이 다시 정렬됩니다.

사랑하는 여러분! 하나님이 우리의 이름을 아시고, 우리를 먼저 사랑하셨다는 사실 자체가 거룩한 충격입니다. 우리가 아직 죄인 되었을 때 그리스도께서 우리를 위하여 죽으심으로 하나님께서 우리에 대한 자기의 사랑을 확증하셨다고 성경은 말씀합니다. 우리는 하나님의 자녀입니다. 세상이 붙인 라벨이 아닌, 하나님이 지으신 본래의 모습을 회복해야 합니다.

정체성이 바뀌면 운명이 바뀝니다. 땅의 가치에서 하늘의 가치로 바뀝니다. 소유에서 나눔으로 바뀝니다. 받는 것에서 주는 것으로 가치관이 바뀌어야 합니다. 또한, 우리는 누군가에게 거룩한 충격을 주는 사람이 되어야 합니다.

우리가 알 것이 있습니다. 당신의 작은 관심이 누군가에게는 인생을 바꾸는 거대한 사건이 될 수 있다는 것입니다. 우리는 할 수만 있다면 상대방의 이름을 존중하며 불러야 합니다. 즉 그 사람의 존재 자체를 인정하고 소중히 여겨야 합니다. 판단하지 않고 있는 그대로 받아들여야 합니다. 진심 어린 칭찬과 격려, 작은 것에도 감사를 표현해야 합니다. 상대방의 필요에 민감하게 반응해야 합니다.

사랑은 말이 아니라 행동으로 전해집니다. 예수님의 사랑이 행동으로 전해졌습니다. 삭개오의 사랑이 만일 누구의 것을 속여 빼앗은 일이 있으면 네 갑절이나 갚겠다(8절)는 행동으로 전해졌습니다.

믿는 우리들의 조건 없는 수용과 포용, 먼저 다가가는 적극적 사랑, 기대 이상의 선한 행동이 다른 사람들에게 거룩한 충격을 줄 수 있습니다.

하나님께 거룩한 충격을 드려야 합니다

마지막으로 우리는 하나님께 거룩한 충격을 드려야 합니다.

하나님을 감동시키는 삶이야말로 가장 값진 예배입니다. 진실한 예배와 기도, 최선을 다하는 헌신과 섬김, 순종하는 삶을 통한 감동, 세상에서 빛과 소금의 역할을 통해 하나님께 거룩한 충격을 드릴 수 있습니다. 하나님이 거룩한 충격을 받으시면, 하나님께서 우리를 위해 움직이실 것입니다.

하나님의 마음을 움직이는 것은 완벽함이 아니라 진실함입니다. 하나님을 진심으로 만나고픈 마음입니다. 오늘 삭개오의 이야기는 과거의 일이 아닙니다. 오늘 우리에게도 동일하게 적용되는 현재진행형의 이야기입니다.

역사는 반복되지만, 은혜는 매일 새롭다고 합니다. 오늘 우리는 삭개오처럼 한순간의 만남으로 평생이 바뀌려는 꿈을 꾸어야 합니다. 그 변화의 열쇠는 바로 예수님을 만나는 것입니다. 예수님을 만나면 거룩한 충격이 일어납니다.

변화는 하루아침에 일어나지 않는다고 하지만, 때로는 한순간의 만남이 평생을 바꿀 수 있습니다. 그것이 바로 거룩한 충격의 신비입니다.

거룩한 충격은 개인을 바꿉니다.
거룩한 충격은 가정을 바꿉니다.
거룩한 충격은 교회를 바꿉니다.

거룩한 충격은 결국 세상을 바꿉니다.
이것이 바로 복음의 능력이며, 우리가 받은 사명입니다.
당신이 변하면 세상이 변합니다.
거룩한 충격은 나부터 시작되어야 합니다.

우리는 하나님의 사랑과 은혜로 거룩한 충격을 받아야 합니다. 그 충격을 주변 사람들에게 전염시켜야 합니다. 우리의 선한 영향으로 세상에 거룩한 충격을 주어야 합니다. 하나님께 감동과 기쁨의 거룩한 충격을 드리기 위해 살기 바랍니다. 거룩한 충격만이 이 세상을 아름답게 만들 수 있습니다. 예수님의 복음을 전하는 가장 확실한 길입니다.

오늘이 당신 인생의 거룩한 충격이 시작되는 날이 되기를 기도합니다. 오늘부터 거룩한 충격을 주고받는 복음의 전령이 되시기를 주님의 이름으로 축복합니다.

은혜
중독증에서
벗어나십시오

이 모든 것을 깨달았느냐 하시니

대답하되 그러하오이다

예수께서 이르시되

그러므로 천국의 제자된 서기관마다

마치 새것과 옛것을

그 곳간에서 내오는 집주인과 같으니라

＿ 마태복음 13:51-52절

혹시 은혜 중독증에 빠지지 않았나요?

요즘 시대는 과히 중독의 시대라고 말해도 이상하지 않은 때입니다. 스마트폰 중독, 게임 중독, 유튜브 중독, SNS 중독 같은 말은 현대인의 삶에 늘 따라 다니고 있습니다. 더 나아가 운동 중독, 주식 중독, 일 중독, 관계 중독, 다이어트 중독, 쇼핑 중독 등 일상생활을 파고드는 과도한 집착이 삶의 균형을 잃게 만듭니다. 운동과 일 등 해가 없어 보이는 행위도 그것이 지나쳐 중독으로 다다르면 차라리 하지 않는 것이 더 나을 때도 있지요. 사랑하는 성도 여러분은 어떤 중독을 가지고 계신가요?

천국의 제자 된 서기관인 우리는 어떤 모습으로 살고 있는지 돌아보아야 합니다. 돌아보지 않으면 말씀을 듣고도 변화가 일어나지 않습니다. 많은 그리스도인은 말씀을 듣고도 깊은 변화를 경험하지 못하는 이유는 은혜 중독증에 빠져 있기 때문입니다.

'은혜 중독증'이란, 하나님의 은혜를 받는 것에만 익숙해져서, 은혜로 인한 자연스러운 반응과 열매를 놓치는 것입니다. 그러면 은혜가 흐르지 않게 됩니다. 은혜 중독성에 걸리면 마치 계속 음식만 먹고 활동은 하지 않는 상태인 것과 같습니다. 영양분은 들어오지만 건강한 성장으로 이어지지 않습니다.

우리는 하나님의 은혜로 살아갑니다. 하나님의 은혜는 우리 인간에게 가장 필요합니다. 그리스도인은 은혜 없이는 단 하루도 살아갈 수 없습니다. 은혜가 필요하므로 하나님은 오늘도 많은 은혜를 베풀어 주십니다. 문제는 자칫 잘못하면 우리가 '은혜 중독증'에 빠질 수 있다는 것입니다. '은혜 중독증'은 다른 말로 '수동적 신앙생활'입니다.

'수동적 신앙인'은 사랑을 받기는 원하지만, 변화의 책임은 회피합니다. 수동적 신앙인들에게 은혜는 성장의 기회가 아니라, 현상 유지가 중요하다는 것을 핑계로 삼습니다. 이의 부작용은 점점 더 강력한 자극을 추구하게 되는 것입니다. 만약 은혜가 중단되면 불안해합니다. 불안에 머물지 않습니다. 자신의 문제를 외면합니다. 그 결과 자신의 영적 상태 진단을 제대로 못 합니다.

은혜 중독성의 폐해는 큽니다. 다른 사람과의 관계에서 사랑을 실천하지 못합니다. 자기기만에 빠져 책임감을 느끼지 않습니다. 이런 성도에게 필요한 것은 자기 성찰입니다.

하나님의 시선 아래에 자신을 통째로 내려놓고, 정직하게 바라봐야 합니다.

서기관은 말씀을 삶에 기록하는 사람입니다

52절 말씀에서 예수님은 서기관을 "천국의 제자 된 서기관"이라는 표현을 사용합니다. 왜 '서기관'이라는 표현을 사용하셨을까요?

성경에 나오는 '서기관'은 대부분 부정적 의미로 사용됩니다. 서기관은 율법주의에 빠져 형식만을 중시합니다. 특히 예수님을 반대했던 인물들로 묘사합니다. 그들은 지식은 많았지만, 실제 삶에서는 하나님의 뜻과 멀었습니다. 오늘날 아래의 사람들과 같습니다.

첫째, 대형 종교단체의 성추문이나 금전 스캔들에 연루된 종교지도자들입니다. 둘째, 가족의 가치를 외치다가 불륜이 폭로된 정치인들입니다. 셋째, 환경보호를 주장하면서 사치스러운 생활을 하는 환경보호단체 활동가들입니다. 넷째, 청렴을 강조하다가 부패 혐의로 구속된 공직자들입니다. 우리는 이런 사람들의 모습을 보면, 실망하게 됩니다.

그러나 예수님이 말씀하신 서기관은 전혀 다른 모습입니

다. 본래 서기관은 순수한 사명을 회복한 사람들입니다. 서기관은 어떤 사람인지 살펴보겠습니다. 고대 이스라엘의 서기관은 하나님의 말씀을 필사해 보존하며, 정확하게 해석해 가르쳤습니다. 말씀을 가까이했기에 하나님의 말씀을 생명처럼 여겼습니다. 성경의 한 글자도 소홀히 하지 않으려는 경외심으로 섬긴 사람들입니다.

52절의 "천국의 제자 된 서기관"은 단순히 율법 조문을 암기하는 사람이 아닙니다. 하나님의 나라를 경험하고, 그 생생한 경험을 바탕으로 말씀을 해석하고 적용하는 사람입니다. 예수님은 제자들에게 천국의 제자 된 서기관이란 새로운 정체성을 부여합니다. 그 이유는 제자들이 지식만이 아니라 체험과 삶이 결합된 온전한 하나님의 사람이 되기를 바라기 때문입니다.

예수님은 서기관을 "곳간에서 새것과 옛것을 꺼내는 집주인"에 비유합니다. '새것과 옛것'은 단지 신약과 구약만을 의미하지 않습니다. 하나님의 영원한 진리와 현재적 적용, 전통적 지혜와 새로운 통찰, 과거의 은혜와 현재의 경험이 포함된 포괄적인 개념입니다.

진리는 시대를 초월하여 유효하지만, 그 적용은 각 시대의 상황에 맞게 새롭게 해석되어야 합니다. 그 진리를 깨닫고, 그 진리대로 살아가며, 그 진리를 시대에 맞게 전하는 것이 '천국 서기관의 역할'입니다. 진정한 서기관은 말씀을 기록하는 자가 아니라, 말씀이 기록되어 사는 사람입니다. 우리도 말씀이 삶에 기록되도록 살아가야 합니다.

은혜는 중독으로 고이지 않고 타인에게로 흐릅니다

예수님께서는 천국에 관한 여러 비유를 말씀하신 후, 제자들에게 물으셨습니다.

"너희가 이 모든 것을 깨달았느냐?"

제자들은 "예."라고 대답했습니다. 비유를 깨달았다는 것입니다. 그때 주님은 또 하나의 비유를 더하십니다.

"천국의 제자 된 서기관마다 마치 새것과 옛것을 곳간에서 내오는 집주인과 같으니라(52절)."

이 말씀은 매우 심오한 하나님의 말씀입니다. 천국을 단지 알고 끝내는 것이 아닙니다. 천국을 살아내는 자로, 천국의 진리를 이 땅에 구현하는 자로, 천국을 나누는 자로 살라는 말씀입니다.

그리스도인은 하나님의 말씀을 맡은 청지기입니다. 그 말씀을 삶으로 증명하고, 세상에 나누어주어야 하는 존재입니다. 우리는 하나님 나라의 진리를 이 시대에 적용하고 전해야 합니다. 진리를 전하는 것이 천국을 아는 것은 지식이요, 천국을 사는 것은 지혜요, 천국을 전하고 나누는 것은 사명입니다.

은혜는 흘러야 합니다. 사도 바울은 "그리스도의 사랑이 우리를 강권하시는도다."라고 고백합니다. 하나님께 받은 사랑이 클수록, 그 사랑을 나누고자 하는 마음도 커지는 것이 자연스러운 반응입니다. 은혜의 강물은 흘러야 하나님의 강물이지만, 고이면 인간의 썩게 만드는 웅덩이일 뿐입니다.

교회 안에서 아름다운 섬김의 모습들을 많이 봅니다. 어떤 성도는 새벽마다 교회 청소를 자원해서 합니다. 아무도 알아주지 않지만 기쁨으로 섬깁니다. 어떤 성도는 어르신을 자가용으로 교회까지 모셔다드리는 일을 수년째 한결같이 하고 있습니다. 어떤 성도는 병원에 입원한 성도들을 일일이 찾아가서 위로하고 기도해줍니다. 어떤 성도는 교회 찬양단에서 열심히 봉사합니다. 어떤 성도는 교회건축에 도움을 주려고 반찬을 만들어 팝니다. 그리고 토요일과 주일에 교역자들의 식대 절감을 위해 식사를 손수 준비합니다. 어떤 성도는 새벽마다 목이 터지도록 건축을 위해 기도합니다. 물론 물질로 섬기는 성도도 있습니다. 경제가 어려움에도 불구하고 정성으로 섬깁니다.

성도들이 다양한 모습으로 섬기는 것이 가능한 이유는 각자에게 하나님께서 주신 고유한 은사와 달란트를 받았기 때문입니다. 하나님의 은혜가 자신에게만 머물지 않습니다. 다른 성도에게 흐릅니다. 이처럼 은혜는 흘러야 합니다. 흘러야 열립니다. 하나님의 은혜가 주어진 성도에게 은혜를 더 받을 문이 열립니다. 은혜를 받았으면 다른 성도에게 줄 마음이 생깁니다. 은혜의 흐름이 하나님을 돋보이게 합니다. 은혜의 흐름이 교회를 아름답게 만듭니다.

하나님께 받은 것은 선물입니다

은혜는 하나님의 선물입니다. 우리가 하나님께 받은 모든 것이 선물입니다. 생명, 건강, 시간, 재능, 관계, 경험, 지식, 그리고 물질까지 모든 것이 하나님 은혜의 선물입니다. 하나님의 선물이라는 인식이 있으면 자연스럽게 나누고 싶어집니다. 억지로가 아니라 기쁨으로 나누려 합니다.

우리가 받은 은혜를 되돌아보는 시간을 가져보시기 바랍

니다. 은혜와 감사의 모든 목록이 곧 하나님으로부터 받은 선물입니다. 각자의 형편과 상황에 맞게, 하나님께서 주신 것들을 어떻게 나누고, 드릴 수 있을지 기도해보는 시간을 가져보세요.

어떤 성도는 몸이 불편해서 교회에 나오기 어려운 분들을 위해 기도로 섬길 수 있습니다. 어떤 성도는 선물로 받은 손재주를 교회에 필요한 것들을 만들어 기증할 수 있습니다. 어떤 성도는 선물로 받은 요리 솜씨를 교회 행사 때 음식 준비로 은혜를 흘려보낼 수 있습니다. 어떤 성도는 자동차로 봉사에 차량을 제공할 수 있습니다. 어떤 성도는 시간적 여유로 바쁜 교회를 여러모로 도울 수 있습니다. 어떤 성도는 가르치는 은사를, 어떤 성도는 좋은 목소리를, 어떤 성도는 상냥한 미소로 섬길 수 있습니다. 만약 형편이 된다면 물질로 섬기면 됩니다.

중요한 것은 마음의 자세입니다. 하나님께 받은 선물로 인식하는 자세입니다. 선물로 인식하면 의무나 부담이 아니라, 감사와 기쁨에서 우러나는 자발적인 반응을 보입니다. 성경에서 말씀하듯이 억지 헌신은 종의 모습이지만, 기쁜 헌신은 자녀의 모습입니다. 하나님은 억지보다 즐거이 내는 마음을 기뻐합니다.

예수님께서 "섬김을 받으러 온 것이 아니라 섬기러 왔다."라고 말씀하신 것처럼, 우리도 받은 은혜를 바탕으로 세상을 섬기는 삶을 살아야 합니다. 하나님께 받은 것을 선물로 인식한다면 예수님처럼 섬길 수 있습니다. 교회는 영적 서비스를 일방적으로 받는 곳이 아닙니다. 함께 성장하고 함께 아름다운 세상을 섬김의 공동체입니다.

예수님은 말씀이 육신이 되어 오셨습니다. 우리도 받은 말씀이 삶에서 체화되려면 우리의 삶 속에서 구체적으로 말씀이 구현되어야 합니다. 말씀이 삶으로 드러날 때, 그 말씀이 주변 사람들에게 생명의 능력이 됩니다. 가정에서, 일터에서, 교회에서 말씀의 향기를 발하는 삶, 그것이 바로 천국 서기관의 삶입니다.

우리는 보물창고 청지기입니다

우리는 누구입니까? 우리는 천국의 보물창고를 관리하는 청지기입니다. 하나님의 말씀이라는 무한한 보물창고에서 진리를 발견하여 자신에게 적용하고, 이웃과 나누는 사람입니다. 하나님께서는 당신의 말씀을 우리에게 맡겼습니다. 그 말씀으로 세상을 변화시키라고 합니다. 우리의 삶에서 말씀

이 살아 움직이고, 우리의 선택과 행동이 하나님의 진리에 근거할 때, 우리는 이 땅에 천국의 문을 여는 사람이 됩니다.

예수님께서 원하시는 것은 단순히 교리를 아는 신자가 아닙니다. 말씀을 삶으로 증명하는 제자, 진리를 살아내는 천국 서기관이길 원합니다.

하나님이 우리에게 완벽한 신앙인 되기를 요구하시는 것이 아닙니다. 우리가 올바른 방향으로 가기를 바라십니다. 우리 모두는 여전히 성장하는 과정에 있습니다. 과정 중에 있기에 방향이 중요합니다.

그 방향성은 받은 은혜에 감사하며, 그 은혜를 통해 조금씩 변화되어 가고, 그 변화의 열매를 세상과 나누어 가는 것입니다. 누구나 필요할 때 마음껏 꺼내쓸 수 있는 보물창고의 삶을 사는 것입니다.

하나님의 은혜는 우리를 변화시키는 능력이 있습니다. 그 변화는 억지로 만들어내는 것이 아니라, 은혜에 대한 자연스러운 반응으로 나타납니다. 마치 봄이 오면 꽃이 피고 열매가 맺히는 것처럼, 진정한 은혜를 경험한 사람에게는 사랑과 섬김의 열매가 자연스럽게 나타납니다. 하나님의 은혜를 받은 영혼은 은혜를 흘려보냅니다. 하나님으로부터 받은 사랑받은 마음을, 세상에 그 사랑을 전합니다.

은혜는 결단하게 합니다

이제 은혜를 받은 사람처럼 살기로 결단해야 합니다. 나의 삶에서 하나님의 말씀이 더욱 살아 있는 능력이 되도록, 내 일상 속에서 천국의 진리를 구현하는 삶을 살기로 결단하세요. 복잡한 세상 가운데서 진리의 빛을 비추는 천국 서기관으로 살아가세요.

우리가 하는 결단은 거창한 것이 아닙니다. 오늘부터 받은 은혜에 더욱 민감하게 반응하고, 하나님께서 내게 주신 고유한 은사와 달란트를 발견하여 그것으로 섬기며 사는 것입니다. 어떤 성도는 따뜻한 말 한마디로, 어떤 분은 진심 어린 관심으로, 어떤 성도는 전문적인 지식으로, 어떤 분은 풍부한 경험으로, 어떤 성도는 귀한 시간으로, 어떤 분은 특별한 재능으로, 그리고 어떤 분은 물질로 섬길 수 있습니다.

하나님께서는 우리의 능력이나 형편을 보시는 것이 아니라, 우리의 마음을 보십니다. 과부의 두 렙돈을 부자들의 많은 헌금보다 크게 여기신 것처럼 하나님께서는 우리의 진실한 마음과 자발적인 사랑을 기뻐하십니다.

그럴 때 우리의 가정이, 우리의 직장이, 우리의 교회가, 우리의 지역이 하나님 나라의 향기로 가득할 것입니다.

한평생 천국 서기관의 사명을 감당합시다. 하나님께서 우리에게 맡기신 이 귀한 사명을 기쁨으로 감당하며, 이 시대 가운데 하나님 나라의 진리를 아름답게 증거하며 살아갑시다. 그 길 위에 주님의 풍성한 은혜와 능력이 함께 하실 것입니다.

천국 서기관의 길은 받은 은혜를 기록하고,
그 은혜를 살아내며,
그 은혜를 전해주는 아름다운 여정입니다.
말씀의 문이 곧 천국의 문이며,
말씀을 듣고 사는 자가 천국 백성입니다.

앞으로는 은혜 중독증에 걸린 사람처럼 은혜만 추구하지 말고, 진리를 살아내는 신앙인으로 살아야 합니다. 그러면 우리가 하나님의 보물창고가 됩니다.

기도의 창문을
닫지 않아야
합니다

다리오가 자기의 뜻대로 고관 백이십 명을 세워 전국을 통치하게 하고

또 그들 위에 총리 셋을 두었으니 다니엘이 그 중의 하나이라

이는 고관들로 총리에게 자기의 직무를 보고하게 하여

왕에게 손해가 없게 하려 함이었더라

다니엘은 마음이 민첩하여 총리들과 고관들 위에 뛰어나므로

왕이 그를 세워 전국을 다스리게 하고자 한지라

이에 총리들과 고관들이 국사에 대하여 다니엘을 고발할 근거를 찾고자 하였으나

아무 근거, 아무 허물도 찾지 못하였으니 이는 그가 충성되어

아무 그릇됨도 없고 아무 허물도 없음이었더라

그들이 이르되 이 다니엘은 그 하나님의 율법에서 근거를 찾지 못하면

그를 고발할 수 없으리라 하고

이에 총리들과 고관들이 모여 왕에게 나아가서 그에게 말하되

다리오 왕이여 만수무강 하옵소서

나라의 모든 총리와 지사와 총독과 법관과 관원이 의논하고 왕에게 한 법률을 세우며

한 금령을 정하실 것을 구하나이다 왕이여 그것은 곧 이제부터 삼십일 동안에 누구든지

왕 외의 어떤 신에게나 사람에게 무엇을 구하면 사자 굴에 던져 넣기로 한 것이니이다

그런즉 왕이여 원하건대 금령을 세우시고 그 조서에 왕의 도장을 찍어 메대와 바사의

고치지 아니하는 규례를 따라 그것을 다시 고치지 못하게 하옵소서 하매

이에 다리오 왕이 조서에 왕의 도장을 찍어 금령을 내니라

다니엘이 이 조서에 왕의 도장이 찍힌 것을 알고도 자기 집에 돌아가서는

윗방에 올라가 예루살렘으로 향한 창문을 열고 전에 하던 대로

하루 세 번씩 무릎을 꿇고 기도하며 그의 하나님께 감사하였더라

　　　 다니엘 6:1-10절

신앙은 내면 바로 세우기입니다

한국 사회는 유행에 민감합니다. 현대인은 최첨단 유행을 즐겨 따릅니다. 트랜디한 자기계발에 열을 올립니다. 남들이 가지고 있는 스팩은 나도 가지고 있어야 합니다. 명품 가방과 좋은 차를 구입하기 위해 열을 올립니다. 물질 만능시대에 행여나 남에게 뒤처질세라 부지런히 유행하는 스타일을 검색하여 외모를 가꿉니다. 개성은 없어지고 평균만 남습니다. 현대인은 외적인 이미지 꾸미기에 치중하며 정작 가장 중요한 내적인 이미지 가꾸기에는 소홀한 경향이 있습니다.

물론 외적인 이미지도 중요합니다. 자신의 이미지를 좋게 보이려 노력하고, 시대에 떨어지지 않는 지식과 정보로 무장합니다. 외적인 이미지를 통해 사람들의 평판을 얻기 때문입니다. 그런 이유로 우리는 쉽게 내적인 이미지의 힘을 간과합니다. 눈으로 보이지 않는 내적인 이미지가 어떠냐에 따라 외적인 것이 엄청난 차이를 보인다는 것입니다.

좋은 생각을 하고, 선한 마음을 품고, 깨끗한 영적 세계를 추구하는 사람은 얼굴빛이 맑고 화사합니다. 표정도 편안하고 마음도 넉넉합니다. 종종 외적인 이미지는 그럴싸하고 멋져 보이지만, 내면은 유리장처럼 쉽게 깨지는 사람들이 있습니다. 그렇다면 우리는 외면을 가꾸기 이전에 내면을 바로 세워야 합니다. 내면을 바로 세우면 그 사람으로부터 세련된 품격이 풍깁니다.

우리는 살아가며 스스로 때때로 이런 질문을 합니다.

'왜 저 사람은 흔들리지 않을까?'
'왜 그는 고난 속에서도 평온할까?'
'왜 그는 위기의 순간에도 당황하지 않을까?'

그 질문의 답변은 사람의 내면 곧, 태도, 중심 때문입니다.

오늘 우리는 그런 사람 중 한 명을 마주합니다. 바로 다니엘입니다. 그는 세상의 무대에서 패하지 않았던 사람입니다. 왕이 바뀌고, 제국이 무너지고, 시대가 바뀌어도, 다니엘의 마음 중심은 꿋꿋했습니다.

어떻게 그럴 수가 있을까요? 내면을 제대로 세웠기 때문입니다. 그는 하루 세 번, 기도의 창문을 열어두었던 사람입니다. 다니엘에게 기도는 삶의 방향이었고, 생활의 리듬이었고, 생명의 호흡이었습니다.

그의 인생 가운데 기도의 창문은 결코 닫히지 않았습니다. 내면을 잘 세운 다니엘을 성경은 "마음이 민첩한 자(3절)"라고 말합니다. 여기서 '민첩함'이란 단어의 뜻은 단지 '판단이 빠르다'라는 뜻이 아닙니다. '영적으로 민감하다'라는 뜻입니다. 즉 하나님의 뜻을 빠르게 분별하고, 그 뜻대로 행동하는 사람이 민첩한 사람입니다.

기도가 민첩함의 비결입니다

다니엘은 민첩한 사람입니다. 그의 민첩함은 결코 우연히 생긴 것이 아닙니다. 기도로 만들어졌습니다. 기도 없이 민첩할 수 없습니다. 다니엘은 하루 세 번, 예루살렘을 향해 창문을 열고 기도했습니다. '삼시삼창(三時三窓)'을 했습니다. 그는 하루에 세 번 기도의 창문을 열었습니다. 그 창문은 바깥세상으로 열려 있었지만, 사실은 하늘로 열려 있는 통로였습니다.

그가 기도의 창문을 여는 시간마다, 하나님의 지혜가 그의 영혼에 스며들었습니다. 하나님의 평안이 그의 마음을 다스렸습니다. 그가 선택할 때마다 하나님의 길로 인도되었습니다.

그의 민첩함은 기도로부터 나왔습니다. 기도는 다니엘의

민첩함의 비밀입니다. 동시에 기도는 그의 성실함의 근원이었습니다. 마지막으로 기도는 그의 영적 근력이며, 내면의 중심입니다.

다니엘은 바벨론에 끌려온 포로입니다. 젊은 나이에 낯선 땅, 낯선 문화 속에서 살았습니다. 그를 잘 보여주는 것이 그가 왕의 음식과 술을 거절한 것입니다. 이렇게 한 것은 자신의 믿음을 지키기 위해서입니다. 믿음으로 살기 위해 그는 고난도 자처했습니다. 이 모든 결단은 기도로부터 비롯된 삶의 태도입니다.

특히 우리가 주목할 장면이 있습니다. 왕이 기도하지 말라는 조서를 내렸을 때도, 다니엘은 기도했다(10절)는 것입니다. 그는 변함없이 창문을 활짝 열고 기도했습니다. 다니엘이 조서를 어기면서까지 기도한 이 장면은 감동 그 자체입니다. 그는 위협이 다가오지만, 창문을 닫지 않았습니다. 창문을 여는 신앙을 선택합니다.

그의 기도는 숨는 것이 아니라 모두가 알도록 공개적이었습니다. 이런 기도의 모습이 신앙의 고백이자, 신앙의 외침이었습니다. 기도의 창문을 활짝 열었기 때문에 그는 사자 굴 속에서도 두려워하지 않았습니다. 창문을 통해 하나님의 은혜가 그의 내면을 채우고 있었기에, 그는 어떤 상황에서도 당황하지 않았습니다.

다니엘에 대해 성경은 말합니다. "그에게서 허물을 찾을 수 없었다(4절)." 그가 완전한 사람이어서가 아니라, 하나님 앞에서 늘 진실했기 때문입니다. 사람 앞에서 포장한 삶이 아니라, 하나님 앞에서 진실한 삶이었기에 그 누구도 그에게서 흠을 찾지 못했습니다.

기도의 창문이 열려 있어야 합니다

지금 나는 어떤 사람인가요?
내 삶은 기도의 창문이 열려 있는 삶인가요?

기도하는 사람은 하나님과의 끊임없는 교제를 해야 합니다. 끊임없는 교제로 영적 능력을 얻습니다. 영적 능력을 얻을 때 패배자가 아니라 승리자의 삶을 살 수 있습니다. 기도하는 사람의 특징이 있습니다. 삶과 일 가운데 승리하는 삶을 삽니다. 기도하지 않는 사람은 세상의 문제에 홀로 맞서야 합니다. 하나님 없이 홀로 맞서므로 삶과 일의 해결책을 찾기 어려울 수 있습니다.

다니엘처럼 기도의 창문을 열어야 합니다. 기도의 창문을

닫을 때가 있습니다. 여러분의 바쁜 일정입니다. 바쁜 일정이 가정을 위해 기도하지 못하게 합니다. 하루하루의 반복되는 일에 치이면 기도할 시간을 찾기 힘들게 됩니다. 바쁘면 마음의 여유가 없습니다. 마음의 여유가 사라지면 기도를 잊기 쉽습니다. 온 가족이 바쁘면 모여 함께 기도하는 시간을 갖기 힘듭니다.

기도의 창문을 열지 못하면 영적인 불균형이 발생합니다. 신앙적인 열정은 있지만, 기도의 실천이 부족해집니다. 때로, 기도해야 한다는 마음은 있지만, 기도의 중요성을 잊게 됩니다. 만약 가족 간의 갈등과 오해가 쌓여도 기도보다는 인간적인 방법으로 해결하려고 합니다.

기도의 창문이 열려 있는 것이 중요합니다. 닫혀 있으면 기도하지 않게 됩니다. 기도하지 않다 보면 하나님과의 관계가 점점 멀어집니다. 결국, 영적인 불균형이 생깁니다. 우리가 자주 기도하지 않으면, 하나님께 의지하는 마음도 약해집니다.

우리는 기도의 중요성을 알고 있어야 합니다. 절실하게 알지 못하면 기도의 중요성을 알지만 기도하기 힘들게 됩니다. 일상에 쫓겨 기도하지 못하면 그런 현실을 맞닥뜨린 것이 안타깝습니다. 이런 상황이 없도록 기도의 창문을 열어야 합니다. 개인, 가정이 기도하지 않으면 영적으로 빈곤해집니다. 교회가 기도하지 않으면 영적으로 빈곤해집니다. 이런 상황이 지속되면 하나님의 축복을 경험하지 못합니다.

하루에 세 번 기도의 창문을 열어야 합니다

다니엘이 패하지 않았던 이유는 단 하나입니다. 그는 기도의 창문을 닫지 않았기 때문입니다. 그는 하루 세 번, 기도의 창문을 열었습니다. 그 문을 통해 하나님의 뜻이 흘러들어 왔습니다. 하나님의 뜻은 다니엘의 마음을 민첩하게 했습니다. 그 민첩함은 그를 세상에서 담대하게 만들었습니다.

우리는 기도의 창문을 열어야 합니다.
기도의 창문을 여는 사람은
세상이 감당할 수 없는 사람입니다.
기도의 창문을 여는 가정은 흔들리지 않는 가정입니다.
기도의 창문을 여는 교회는
성령의 바람이 스며드는 교회입니다.

우리는 지금, 바쁜 세상 속에서 우리의 창문을 어디로 향해 열고 있습니까? 뉴스를 향해 열고 있습니까? 반대로 하나님을 향해 열고 있어야 합니다. 우리는 세상의 정보들을 향해 수많은 창문을 열어 놓은 것 같습니다. 하지만, 예루살렘을 향해, 하나님의 뜻을 향해 열려 있는 창문은 얼마나 될까요?

이제, 다시 기도의 창문을 열어야 할 때입니다. 다니엘처럼 말입니다. 다니엘은 하루에 세 번 기도의 창문을 열었습니다. 우리도 오늘부터 하루 세 번이라도 잠시 멈추고, 마음의 창문을 여십시오. 하나님 앞에 무릎을 꿇고, 하늘로 향한 통로를 열어두십시오. 기도의 창문을 열면 민첩한 사람이 됩니다. 허물없는 사람으로 자랍니다. 결국에는 패하지 않는 사람으로 살아가게 됩니다.

다니엘은 예루살렘으로 향한 창문을 열고 전에 하던 대로 하루 세 번씩 무릎을 꿇고 기도합니다(10절). 그는 조서에 왕의 도장이 찍힌 것을 알고도 하루 세 번씩 하나님께 무릎 꿇었습니다. 오늘 우리도 10절 말씀 앞에 서 있습니다.

다니엘이 한 행동처럼 민첩하고 신실한 삶을 살기 위해 우리도 기도의 창문을 열어야 합니다. 오늘부터 하루의 기도 시간을 정하십시오. 아침이든, 점심이든, 잠들기 전이든 정해진 시간에 하나님을 찾으십시오. 그 시간이 짧더라도 하나님을 찾으십시오. 매일 하나님을 찾으면 하나님과의 깊은 리듬이 만들어집니다.

어디든지 한 곳에 기도하는 공간을 정하십시오. 내 방 한 귀퉁이든, 차 안이든, 교회의 조용한 자리든 할 수만 있다면 빨리 하나님과의 만남의 장소를 만드십시오. 그 자리가 곧 나의 기도의 창문입니다. 매일 기도의 창문을 열어놓아야 합니다.

할 수만 있다면 함께 기도할 사람을 세우십시오. 가족, 목장, 중보팀, 카톡방, 특별히 금요기도회 등 기도는 혼자보다 함께할 때 더욱 강력합니다. 그렇게 해야 하는 것은 하나님은 '기도하는 공동체'를 통해 역사하시기 때문입니다. 혼자보다 100배의 효력을 가져오는 것이 '함께 하는 기도'입니다.

그래서 금요기도회를 강조하는 것입니다. 이번 주부터 금요일에 도전해보세요. 온 가족이 함께 와서 기도의 창문을 열어보세요. 영적으로 환기가 될 것입니다. 답답한 생활이 말끔해질 것입니다. 기도는 영혼의 창을 하나님께 여는 일이기 때문입니다.

오늘부터라도 여러분의 마음에 기도의 창문을 여십시오. 그러할 때, 다니엘처럼 흔들리지 않고, 패하지 않고, 끝까지 하나님께 쓰임 받는 사람이 될 것입니다.

기도의 창문을 열면 품격이 높아집니다

요즘 저의 가방에 필수품이 하나 늘었습니다. 그것은 '이쑤시개'입니다. 나이를 먹으면 치아의 사이가 벌어지기 시작합니다. 식사 후에는 치아 사이에 작은 이물질이 낍니다.

이 작은 이물질처럼 오늘 하루 삶 속에 작은 문제들이 있습니다. 짜증, 염려, 사람에 대한 섭섭함, 하나님을 향한 원망 등이 내 삶에서 이물질 역할을 합니다. 작아서 보이지 않지만, 우리에게 한숨을 쉬게 합니다.

이때 우리가 해야 할 것은 조용히 기도의 손을 모으는 것입니다. 이쑤시개로 치아 사이의 이물질을 제거하듯, 기도로 마음의 불순물을 제거해야 합니다. 기도는 내 안을 정결하게 합니다.

하루 세 끼 식사 후에 이쑤시개가 필요하듯, 우리 삶에 다니엘처럼 하루 세 번씩 기도가 필요합니다. 우리가 기도할 때 말끔한 마음으로 살아가게 됩니다.

사람을 급으로 나눌 수 없습니다. 하지만 사람을 격으로 나눌 수는 있습니다. 사람마다 품격이 다릅니다. 나의 격을 높이는 것은 영적 기도입니다. 기도의 창문을 열면 사람의 격이 높아집니다. 여러분의 품격과 삶의 질을 높이기를 원한다면 기도의 창문을 열기 바랍니다.

05

사소한 일에
목숨을 걸어야
합니다

안디옥 교회에 선지자들과 교사들이 있으니

곧 바나바와 니게르라 하는 시므온과 구레네 사람 루기오와

분봉 왕 헤롯의 젖동생 마나엔과 및 사울이라

주를 섬겨 금식할 때에 성령이 이르시되

내가 불러 시키는 일을 위하여 바나바와 사울을 따로 세우라 하시니

이에 금식하며 기도하고 두 사람에게 안수하여 보내니라

___ 사도행전 13:1-3절

일상이 삶을 결정합니다

"언젠가 큰일이 생기면 그때 진짜 신앙으로 살아야지."
"정말 중요한 순간이 오면 그때, 기도 열심히 해야지."

우리는 언제나 '결정적 순간'을 기다리며 살아갑니다. 하지만 결전의 날보다 더 중요한 것은 평범한 오늘 하루입니다. 사소해 보이는 일상의 작은 승리들이 모여서 인생의 큰 승리를 만들어갑니다.

다니엘이 하루에 세 번 기도한 것은 일상이었습니다. 일상이 아니었다면 하나님의 창문을 여는 것이 짐이 되었을 것입니다. 그 일상이 된 기도로 사자 굴에서 하나님의 큰 은혜를 받아 살아올 수 있었습니다. 예수님의 삶에서 두드러진 것은 일상이 남다른 것이었습니다. 새벽 미명에 기도하셨습니다. 병자를 고치고, 전도하며 제자 삼는 것을 쉬지 않으셨습니다. 어떤 특별한 일이 만들어지려면 일상이 놀라움이 되는 경험이 있어야 합니다. 일상이 없이 독특함이나 특출해질 수 없습니다.

일상은 어떤 사람에게는 지루해 보일 수 있습니다. 매주 예배를 드리는 성도가 하나님의 사랑을 받습니다. 매일 가정 예배를 드리는 가정이 하나님의 화목을 선물로 받습니다. 우리는 결정적인 순간을 기대하며 일상을 놓치지 말아야 합니다. 평범한 일상을 충실히 살려 해야 합니다. 사소한 일상은 절대 사소해지지 않습니다. 작은 승리를 이룹니다. 큰 승리를 만듭니다. 작은 일상이 특별함을 만듭니다. 당장 특별할 수 없습니다. 하지만 당장 성실할 수 있습니다. 당장 성실함을 선택하는 사소한 일상이 특별한 사람을 만들어줍니다.

조화를 이루려면 치열한 영적 전투를 벌여야 합니다

사도행전 13장에 안디옥 교회에서 바울과 바나바를 선교사로 파송하는 장면이 나옵니다. 이들은 나중에 가서 놀라운 복음의 승리를 거둡니다. 그런데 그 승리의 비결이 무엇이었을까요?

첫 번째 비결은 '조화'입니다. 안디옥교회 성도들은 평소에 모두가 '조화'를 이루었습니다. 1절에 다양한 배경의 사람들이 소개됩니다. 니게르라는 시므온(흑인), 구레네 사람 루기오(외국인), 헤롯의 젖동생 마나엔(정치인) 등입니다. 그들은 출신도 다르고, 피부색도 다르고, 사회적 지위도 달랐습니다.

오늘날로 치면 어떨까요? 서울 강남 출신 의사와 시골 출신 농부, 대기업 임원과 소상공인, 외국인 노동자와 한국인, 보수적인 어르신과 진보적인 청년이 한 교회에서 서로 사랑하며 지냈다는 것입니다. 이런 사람들은 조화를 이루기 쉽지 않습니다.

'끼리끼리'라는 것이 있습니다. 대기업 임원은 다른 회사 임원과 어울리기 원합니다. 근로자와 어울리지 않습니다. 안디옥 교회는 끼리끼리를 뛰어넘어 니게르라는 시므온, 구레네 사람 루기오, 헤롯의 젖동생 마나엔 등이 잘 어울렸습니다. 그들은 한마음으로 바울과 바나바를 선교사로 파송합니다.

교회는 함께 더불어 살아가야 하는 곳입니다. 하지만 오늘의 교회는 이 말씀처럼 살아가고 있지 못합니다. 신학자 헨리 나우웬은 "교회는 함께 더불어 살기 가장 싫은 사람들이 그럼에도 불구하고 반드시 함께 살아가는 곳"이라고 말합니다. 교회는 '그럼에도 불구하고'의 정신으로 함께 살아가야 하는 것입니다. 그러려면 치열한 영적 전투를 치러야 합니다.

우리는 교회가 나와 취향이 맞는 사람들, 경제적 수준이 비슷한 사람들, 정치적 성향이 같은 사람들만 모이는 곳이기를 바랍니다. 하지만 그런 곳은 교회가 아니라 동호회입니다.

진짜 교회는 서로 다른 사람들이 하나님의 사랑 안에서 하나 되는 곳입니다. 그리고 그런 일상의 '조화'를 이루기 위해서는 매일매일 치열한 영적 전투가 필요합니다.

일상의 작은 기도가 기적을 만듭니다

두 번째 비결은 '기도'입니다. 안디옥교회 성도들은 평소에 '금식하며 기도'했습니다. 2절과 3절에 '금식'이라는 단어가 두 번 나옵니다. 이것은 그냥 기도가 아니라 목숨을 걸고 하는 기도를 뜻합니다. 먹을 것, 잠잘 것도 마다하고 하나님만 붙잡고 매달린 것입니다.

바울과 바나바가 선교사로서 아름다운 사역을 했습니다. 그들 사역의 승리는 선교지에서 갑자기 생긴 것이 아니었습니다. 평소 안디옥 교회에서 쌓아온 기도의 힘의 폭발이었습니다. 잠언 30장 8-9절에 나를 가난하게도 마시고 부하게도 말아 달라고 기도합니다.

"곧 허황된 거짓말을 내게서 멀리하시고 나를 가난하

게도 마시고 부하게도 마시며 필요한 양식으로 나를 먹이
소서. 혹시 내가 배불러서 주를 부인하여 '여호와가 누구
냐?'할까 두려우며, 또 내가 가난하여 도둑질하고 내 하나
님의 이름을 욕되게 할까 두렵습니다."

그렇게 기도한 이유는 혹시 내가 배불러서 주를 부인하여
'여호와가 누구냐?' 할까 두려우며, 또 내가 가난하여 도둑
질하고 내 하나님의 이름을 욕되게 할까 두렵기 때문입니다.
우리는 가난함을 거부하는 기도는 합니다. 하지만 부유함
까지 거부하는 기도는 하지 않습니다. 오히려 우리는 부유하
게 해 달라는 기도를 합니다. 하지만 아굴은 가난함과 부유
함을 모두 거부합니다. 이렇게 기도할 수 있는 것은 기도를
목숨을 걸고 했기 때문입니다. 우리의 기도가 '적당히'가 되
면 안 됩니다. 목숨 걸고 해야 합니다.
올림픽 금메달리스트들은 목숨을 걸고 운동합니다. 그가
시상대에서 금메달을 목에 거는 그 순간은 몇 분에 불과합
니다. 하지만 그 순간을 위해 몇 년 동안 매일 새벽부터 밤까
지 훈련합니다. 아무도 보지 않는 연습장에서 흘린 땀이 올
림픽 금메달을 만들어내는 것입니다. 목숨 걸고 훈련한 덕분
입니다.

우리의 일상도 마찬가지입니다. 아침에 5분 일찍 일어나서 기도하는 것, 출근길에 불평하지 않고 감사하는 것, 가족에게 짜증 내지 않고 사랑으로 대하는 것, 직장에서 정직하게 일하는 것, 교회에서 겸손하게 섬기는 것, 이런 사소한 것들이 쌓이고 쌓여서 우리 인생의 큰 승리를 만들어냅니다. 이를 적당하게 하면 안 됩니다.

반대로 생각해보세요. 평소에 기도도 안 하고, 말씀도 안 읽고, 교회에서도 대충 예배드리다가, 갑자기 큰 문제가 생겼을 때 "하나님, 살려주세요!"라고 기도한다면 어떨까요? 마치 평소에 운동도 안 하던 사람이 갑자기 마라톤에 나가는 것과 같습니다. 당연히 중간에 포기하게 됩니다.

우리가 평소에 할 기도가 있습니다.

첫째, 매일 아침 5분 기도입니다.
"하나님, 오늘도 주님과 함께 하루를 시작합니다."

둘째, 출근길 한 가지 감사를 합니다.
"지하철에서도, 차 안에서도 감사할 것 하나씩 찾기"

셋째. 가족에게 사랑 표현을 합니다.
"하루에 한 번은 '사랑한다', '고맙다' 말하기"

넷째, 직장에서 정직을 실천합니다.

"작은 거짓말, 작은 부정도 하지 않기"

"의자 정리, 쓰레기 줍기 등 작은 섬김 실천"

한 청년의 이야기입니다. 대학생 때부터 매일 새벽 6시에 일어나서 30분씩 기도하는 습관을 만들었습니다. 친구들은 '그런 거 언제까지 할 거야?'라고 놀렸지만, 10년을 계속했습니다. 나중에 직장에서 큰 어려움이 생겼을 때, 그 10년간 쌓인 기도의 힘이 폭발했습니다. 절망하지 않고 하나님을 의지할 수 있었고, 결국 더 좋은 기회를 얻게 되었습니다. 그가 제게 한 말이 지금도 기억납니다. "목사님, 일상의 작은 기도가 인생의 큰 기적을 만들어내더라고요."

사소한 일에 목숨 걸어야 합니다

걸작품은 한순간에 나오지 않습니다. 평소에 갈고 닦았을 때 만들어지는 것입니다. 미국 대학 농구 역사상 가장 성공적인 코치로 자리매김한 존 우든은 하나에 하나씩 작은 것부터 바꿔나가라고 합니다. 그것만이 변화와 발전의 유일한 방법이기 때문입니다. 우리는 그 작은 것이 답이 나올 때까지 지

속해야 합니다. 지속한다는 사소한 생각이 큰 변화를 이루어 냅니다. 처음엔 다소 부끄러울 만큼 사소한 것을 지속적으로 하면 원하는 결과를 얻을 수 있습니다. 우리가 매일 조금씩 바뀌나가면 종국에는 큰 변화가 일어납니다.

우리가 매일 싸우는 영적 전투는 친선경기가 아닙니다. 지면 지옥으로 가는 진짜 전쟁입니다. 그렇다면 우리는 평범해 보이는 '오늘 하루'를 목숨 걸고 살아야 합니다. 이 메시지의 핵심은 "사소한 일에 목숨 걸자!"입니다.

눈에 보이지 않는 일상의 작은 일들에 목숨을 거세요. 순간순간 주님 안에서 나를 찾는 작업을 계속하세요. 하루에도 수없이 요동치는 마음을 단속하는 일에 영적 전투를 치르세요. 예일대 심리학과 존 바그 교수는 '따뜻한 커피 효과'로 사람의 마음이 얼마나 사소한 것에 움직이는지를 보여줍니다. 존 바그 교수는 피실험자를 두 그룹으로 나누어 A 그룹에는 따뜻한 커피잔을, B 그룹에는 얼음이 든 차가운 커피잔을 잠깐 들고 있게 했습니다. 그 후 피실험자들은 면접관이 되어 동일한 한 사람을 인터뷰했습니다. 결과는 놀라웠습니다. 따뜻한 잔을 들고 있던 A 그룹은 모두 면접 본 사람을 채용하겠다고 응답했고, 차가운 잔을 들고 있던 B 그룹은 모두 채용하지 않겠다고 응답했습니다. 2~3분 동안 들고 있던 커피잔 온도만으로 면접의 결과가 달라진 것입니다. 사람의 마음을 움직이는 데 거창한 무언가가 아닌 사소해 보이는 따뜻한 커피 한 잔이라는 것입니다.

어떤 것이든 티끌 모아 태산이듯이 작은 것이 소중합니다. 매일 매일의 성실함이 큰 축복을 가져다줍니다. 하루하루 기도가 쌓이고, 말씀 읽기가 쌓이고, 조금씩 변화되는 성품이 쌓일 때, 진짜 영적인 사람이 되는 것입니다. 오늘부터 사소한 일에 목숨을 거시기 바랍니다. 그러면 하나님께서 여러분의 일상을 통해 놀라운 기적을 만들어 가실 것입니다.

“일상의 성실함이 인생의 걸작품을 만듭니다!”

06

인생의 막다른
골목에서 하나님을
만나면 축복이
시작됩니다

사사들이 치리하던 때에 그 땅에 흉년이 드니라

유다 베들레헴에 한 사람이 그의 아내와 두 아들을 데리고

모압 지방에 가서 거류하였는데

그 사람의 이름은 엘리멜렉이요 그의 아내의 이름은 나오미요

그의 두 아들의 이름은 말론과 기룐이니

유다 베들레헴 에브랏 사람들이더라

그들이 모압 지방에 들어가서 거기 살더니

나오미의 남편 엘리멜렉이 죽고 나오미와 그의 두 아들이 남았으며

그들은 모압 여자 중에서 그들의 아내를 맞이하였는데

하나의 이름은 오르바요 하나의 이름은 룻이더라

그들이 거기에 거주한 지 십 년쯤에

말론과 기룐 두 사람이 다 죽고

그 여인은 두 아들과 남편의 뒤에 남았더라

그 여인이 모압 지방에서 여호와께서 자기 백성을 돌보시사

그들에게 양식을 주셨다 함을 듣고

이에 두 며느리와 함께 일어나 모압 지방에서 돌아오려 하여

＿ 룻기 1:1-6절

성도에게는 끝은 새로운 시작입니다

인생 속에서 '이제 끝이구나'라고 할 때가 있습니다. 끝이라고 생각될 때 우리는 절망합니다. 하지만 하나님께는 그 반대입니다. 출구가 막혀 끝이라고 느껴질 때가 바로 하나님의 새로운 시작이 펼쳐지는 순간이기 때문입니다. 인생의 막다른 골목은 하나님께는 새로운 문이 열리는 입구입니다.

지금, 이 순간, 앞길이 보이지 않아 절망하고 계신 분이 계십니까? 모든 것이 끝난 것처럼 느껴져 포기하고 싶은 마음이 드십니까? 더 하나님을 붙드시는 기회로 삼아야 합니다. 하나님께서 엄청난 일을 계획하고 계시기 때문입니다.

룻기가 우리에게 들려주는 이야기는 절망의 한복판에서 시작됩니다. 하지만 이 이야기의 결말은 절망이 아닙니다. 바로 하나님의 신실하신 회복과 새로운 소망입니다. 룻기 1장 1절은 이렇게 시작됩니다. "사사들이 치리하던 때에 그 땅에 흉년이 들었더라."

사사 시대는 영적으로 암흑기입니다. 하나님의 말씀이 희귀했고, 사람들은 저마다 옳은 대로 행했습니다. 그런 시대에 흉년까지 들었으니, 이는 단순한 자연재해가 아니었습니다. 이번 흉년은 단순한 경제적 위기가 아니라, 믿음의 진위를 드러내는 시험대입니다.

성경은 분명히 말씀합니다. 하나님을 경외하는 자에게는 복을 주시고, 그분을 떠나는 자에게는 징계를 허락하신다고 말입니다. 흉년은 하나님께로 돌아오라는 사랑의 초청장이었습니다. 하지만 엘리멜렉 가정은 어떤 선택을 했습니까?

위기가 닥칠 때 우리는 두 가지 선택 앞에 서게 됩니다. 하나님께 더 가까이 나아가거나, 아니면 하나님으로부터 더 멀어지게 됩니다. 엘리멜렉에게 흉년은 시험이었고, 동시에 기회였습니다. 하나님은 그들이 당신을 찾기를 기다리셨습니다.

오늘 말씀을 통해 우리에게 주시는 메시지가 있습니다. 하나님 없는 풍년은 저주이고, 하나님과 함께하는 흉년은 은혜라는 것입니다. 현대를 살아가는 우리도 마찬가지입니다. 경제적 어려움, 건강의 악화, 관계의 갈등, 꿈의 좌절 등 인생의 흉년을 만날 때, 우리는 하나님의 사랑을 초청장을 받아들여야 합니다.

인생의 흉년의 때 우리가 향하는 것에 따라 인생이 결정됩니다. 이럴 때 우리는 세상의 모압으로 도피합니까, 아니면 하나님의 품으로 돌아갑니까?

엘리멜렉은 가족을 데리고 모압 땅으로 향했습니다. 모압은 이방 땅입니다. 하나님의 백성이 살아야 할 약속의 땅이 아니었습니다. 처음에는 잠시 머물 계획이었을 것입니다. "흉년이 지나면 다시 돌아오자"라는 마음이었을 것입니다.

믿음의 타협은 대부분 '잠시'라는 이름으로 시작되지만, '영원히'라는 중독으로 결론이 납니다. 잠시 머물기 위해 떠났지만, 그들은 그곳에서 정착했습니다. 그 뒤 엘리멜렉은 죽었습니다. 두 아들 말론과 기룐도 모압 여인들과 결혼한 후 후손도 남기지 못하고 죽었습니다. 일시적 해결책이었던 모압 이주는 가문의 절멸이라는 비극적 결과를 낳았습니다.

이러한 상황들이 나오미와 룻에게 인생의 막다른 골목이었다면, 하나님께는 새로운 문이 열리는 입구였습니다. 그들에게 하나님께로 나아가는 통로가 열렸습니다. 출구가 막혀 끝이라고 느껴질 때 하나님께서는 그들을 통해 새롭게 시작하십니다.

하나님을 떠나면 해결책이 아니라 문제만 만듭니다

하나님을 떠난 해결책은 문제를 해결하는 것이 아니라 더 큰 문제를 만들어냅니다. 엘리멜렉의 모압 땅 이주는 해결책이 되지 못했습니다. 죽음과 이별 그리고 절망만 남았습니다. 우리의 '조금만', '이 정도는', '이 시기만'이라는 영적 타협은 결국 우리를 하나님으로부터 멀어지게 만듭니다.

오늘날 우리는 어떻습니까? 힘들 때마다 예배를 빠지고, 어려울 때마다 기도를 멈추고, 바쁘다는 이유로 말씀 읽기를 뒤로 미루고 있지는 않습니까? 이런 작은 타협들이 쌓여 우리를 영적 모압 땅에 거주하게 만듭니다.

엘리멜렉이 죽고, 두 아들마저 잃은 나오미는 완전한 절망 속에 빠졌습니다. 이방 땅에서 과부가 되고, 자녀마저 잃은 그녀에게 미래는 보이지 않았습니다. 하지만 바로 그때, 하나님은 신호를 보내셨습니다. 룻기 1장 6절이 전환점입니다.

"여호와께서 자기 백성을 돌보사 그들에게 양식을 주셨다 함을 들었으므로 나오미가 두 며느리와 함께 일어나 모압 지방에서 돌아오려 하니라."

하나님은 자기 백성을 돌보십니다. 나오미와 두 며느리가 하나님께서 양식을 주셨다는 말을 듣게 합니다. 그러자 나오미와 두 며느리가 모압 지방을 떠나 베들레헴으로 돌아갑니다. 하나님을 떠났더니 문제만 더 커졌습니다. 양식조차 해결할 수 없게 되었습니다. 피난처라고 생각된 모압 땅이 더는 머물 수 없도록 상황이 악화되었습니다.

우리의 상황이 악화될 때, 하나님은 우리가 무너지는 것을 원하지 않으십니다. 무너지기 전에 돌아오길 원하십니다. 여기서 "돌보셨다"라는 의미는 단순히 관심을 가졌다는 뜻이 아닙니다. 직접 찾아오셔서 회복의 일을 시작했다는 의미입니다. 하나님은 멀리서 구경만 하시지 않습니다. 직접 우리의 현실 속으로 들어오셔서 회복의 역사를 시작하십니다.

하나님이 회복의 문을 여십니다.

회개란 타이밍의 문제입니다. 빠를수록 은혜는 깊고, 늦을수록 상처는 큽니다. 나오미처럼 돌이킬 기회가 주어졌을 때, 우리는 빨리 반응해야 합니다. 하나님은 지금도 우리에게 신호를 보냅니다. 작은 회복의 소식들, 작은 은혜의 경험들, 마음 깊숙한 곳에서 들려오는 성령의 음성들을 통해 우리를 부릅니다.

나오미의 이야기는 구약의 이야기입니다. 하지만 우리에게는 더 확실한 소망이 있습니다. 바로 예수 그리스도의 십자가입니다. 하나님은 멀리서 우리를 바라보는 분이 아니라,

회복의 날에 우리를 찾아오는 분입니다.

예수님은 우리가 막다른 골목에 있을 때 찾아오셨습니다. 죄의 절망, 죽음의 공포, 심판의 두려움이라는 인류 최대의 막다른 골목에 직접 오셔서 십자가로 길을 냈습니다. 십자가는 닫힌 인생에 하늘의 열린 문을 열어주었습니다.

예수님은 고통 속에 있는 우리에게 "내가 길이요 진리요 생명이니 나로 말미암지 않고는 아버지께로 올 자가 없느니라."라고 말씀하십니다. 어떤 절망의 터널도, 어떤 막다른 골목도 예수님 앞에서는 새로운 출발점이 됩니다. 예수님 안에서는 실패가 마침표가 아니라 쉼표가 됩니다.

혹시 지금 나오미처럼 절망 속에 앉아 계십니까? 모든 것을 잃었다고 느끼십니까? 미래가 보이지 않아 두려우십니까? 하나님이 아직 말씀하지 않으셨다면, 그것은 끝이 아닙니다. 당신의 이야기는 아직 끝나지 않았습니다. 하나님은 지금도 당신의 인생을 쓰고 있습니다. 고통은 이야기의 마지막 장이 아니라 전환점일 뿐입니다.

오늘 이 시간, 하나님께서 당신에게 주시는 작은 신호들을 놓치지 마십시오.

마음 깊은 곳에서 들려오는 회개의 음성을 놓치지 마십시오.

작은 순종 하나가 큰 기적의 시작이 됩니다. 가정이 영적 모압 땅에 머물러 있지는 않습니까? 가족 예배가 중단되어 있지는 않습니까? 서로를 위한 기도가 멈춰 있지는 않습니까? 하나님보다 물질과 성공을 더 추구하고 있지는 않습니까?

오늘부터 가정의 제단을 다시 쌓으십시오. 가족이 함께 하나님께로 돌아오십시오. 모압에 너무 오래 있지 마십시오. '잠시만'이라는 말로 자신을 위로하며 영적 타협을 지속하지 마십시오. 예배에 대한 열정을 회복하십시오. 성도들과의 교제를 다시 시작하십시오. 봉사와 헌신의 기쁨을 되찾으십시오. 전도와 선교에 대한 마음을 새롭게 하십시오.

우리가 일어나면 하나님께서 다시 시작하십니다

우리가 다시 일어나는 순간, 하나님은 다시 시작하십니다. 막다른 골목에서 빠져나오십시오. 절망에서 하나님의 빛을

바라보십시오. 주저앉지 말고 자리를 털고 일어나십시오.

룻기는 절망으로 시작해서 희망으로 끝나는 이야기입니다. 나오미는 빈손으로 돌아왔지만, 하나님은 그녀에게 룻이라는 놀라운 며느리를 주었습니다. 그녀를 다윗 왕가의 조상이 되는 영광을 허락했습니다.

당신의 인생도 마찬가지입니다. 지금은 흉년 같고, 모압 땅의 절망 같아도, 하나님은 당신을 통해 놀라운 일들을 계획하고 계십니다. 세상에 깜짝 놀랄만한 일을 진행하고 있습니다.

우리는 다시 일어나야 합니다. 그리고 선언해야 합니다.

하나님께 돌아가겠습니다.
더 이상 영적 모압 땅에 머물지 않겠습니다.
작은 신호에 민감하게 반응하겠습니다.
하나님이 주시는 회복의 기회를 놓치지 않겠습니다.
십자가의 소망을 붙잡겠습니다.
예수님 안에서 모든 막다른 길이 새로운 출발점이 됨을 믿겠습니다.

인생의 막다른 골목에서 하나님을 만나는 것, 그것이 바로 진정한 축복의 시작입니다. 오늘 이 자리에서 하나님께 돌아오는 결단을 하시는 모든 분 위에 룻기의 회복과 소망이 임하기를 주님의 이름으로 축복합니다.

07

변명에서
순종으로
바꿔야 삽니다

예수께서 무리가 자기를 에워싸는 것을 보시고

건너편으로 가기를 명하시니라

한 서기관이 나아와 예수께 아뢰되

선생님이여 어디로 가시든지 저는 따르리이다

예수께서 이르시되

여우도 굴이 있고 공중의 새도 거처가 있으되

인자는 머리 둘 곳이 없다 하시더라

제자 중에 또 한 사람이 이르되

주여 내가 먼저 가서 내 아버지를 장사하게 허락하옵소서

예수께서 이르시되

죽은 자들이 그들의 죽은 자들을 장사하게 하고

너는 나를 따르라 하시니라

___ 마태복음 8:18-22절

예수님을 따르는 길은 험난합니다

사람은 죄인입니다. 죄인이라 죄를 짓습니다. 죄도 등급이 있습니다. 사막의 수도사들이 만든 '일곱 가지 대죄(大罪)'가 있습니다. 교만, 시기, 분노, 나태, 탐욕, 탐식, 정욕입니다. 오늘 우리는 큰 죄가 아니라 위험한 죄를 만납니다. 하나님 앞에서 저지르는 가장 위험한 죄는 '명예로운 변명'입니다. 아무리 정당한 이유라 할지라도, 하나님의 부르심 앞에서는 변명이 될 수 없습니다. 하나님은 우리의 순종을 기다리시지, 우리의 조건을 기다리시지 않습니다.

마태복음 8장에서 우리가 만날 두 사람의 이야기는 단순한 대화가 아닙니다. 이는 신앙생활에서 우리 모두가 빠지기 쉬운 가장 교묘한 함정입니다. 바로 '명예로운 변명'이라는 함정 말입니다. 기적보다 더 어려운 일은 예수님을 따르는 일입니다. 마태복음 8장은 수많은 치유와 구원의 기적들로 가득하지만, 그 기적 사이에 등장하는 이 본문은 우리에게 중요한 진실을 일깨워줍니다. 진짜 기적은 병이 나음이 아니라, 복음을 듣고 마음이 움직이고 인생의 방향이 바뀌는 것입니다.

예수님을 따르는 길이 편한 길이 아니라 좁고 험한 길입니다. "좁은 문으로 들어가라 멸망으로 인도하는 문은 크고 그 길이 넓어 그리로 들어가는 자가 많고 생명으로 인도하는 문은 좁고 그 길이 협착하여 찾는 자가 적음이라(마 7:13-14)."

오늘을 살아가는 신앙인들도 마찬가지입니다. 우리는 종종 신앙생활이 더 나은 삶을 보장해 줄 것이라고 기대합니다. 하지만 예수님은 제자들에게 자기를 부인하고 자기 십자가를 지고 따르라고 하셨습니다.

변명은 순종을 지연시킵니다

예수님을 따르는 데 방해 요소가 있습니다. 그중에 하나가 '명예로운 변명'입니다. 명예로운 변명은 순종을 지연시키는 독입니다.

우리가 만날 첫 번째 사람은 서기관입니다. 그는 예수님의 능력을 직접 보고 결단하듯 말합니다. "선생님, 어디로 가시든지 저는 따르겠나이다(19절)." 얼마나 열정적이고 확고한 다짐입니까! 예수님의 대답은 뜻밖입니다. "여우도 굴이 있고 공중의 새도 거처가 있으되 인자는 머리 둘 곳이 없느니라(20절).” 예수님을 따르는 길에는 꽃길이 아니라, 발바닥에 피가 나는 자갈길이 놓여 있습니다. 그러나 걷기 힘든 자갈길을 걷는 자의 영혼에는 찬란한 빛이 비춥니다.

우리가 예수님을 따른다는 것은 안정과 보장을 내려놓는 결단입니다. 이 말씀은 단순히 주거의 불편을 말하지 않습니다. 예수님은 서기관에게 현실을 직시하라고 말씀하십니다. 주님을 따르는 길은 세상의 기준과는 다른 길이며, 종종 외로움과 손해, 오해와 고통을 동반합니다. 서기관은 아마도 예수님을 따르면 더 나은 지위와 안정을 얻을 수 있으리라 기대했을 것입니다. 하지만 예수님은 그 환상을 깨뜨리십니다. 진리를 따르는 삶이 늘 환영받지는 않습니다. 편한 길이 아니라 아주 불편한 자갈길입니다.

우리가 만날 두 번째 사람은 제자 중 한 사람입니다. 그는 이렇게 말합니다. “주여 나로 먼저 가서 내 아버지를 장사하게 허락하옵소서(21절).” 표면적으로는 매우 타당한 말입니다. 부모에 대한 효심, 가정의 책임. 누가 봐도 거절하기 어려운 이유입니다. 하지만 예수님의 대답은 단호합니다. “죽은 자들이 그들의 죽은 자들을 장사하게 하고 너는 나를 따르라(22절).”

변명은 고상하게 포장된 불순종입니다. 정당한 이유도 하

나님의 부르심을 따르는 것을 미루는 핑계가 될 수 있습니다.

이 제자의 말은 사실상 "지금은 안 됩니다."라는 의미입니다. '언젠가는' 따르겠지만, 지금은 아니라고 변명으로 미룹니다. 예수님은 이것을 즉시 간파하셨습니다. 우리도 신앙생활 속에서 자주 이런 명예로운 변명을 합니다.

우리가 변명할 때 하는 말인 '언젠가'는 영원히 오지 않는 시간의 다른 이름입니다. 위의 말들은 그럴듯하고 명예로운 것처럼 들립니다. 심지어 주변 사람들도 이해해 줄 것처럼 보입니다. 그러나 결국은 순종을 유보시키는 도구일 뿐입니다.

직장에서 신앙 때문에 손해를 볼까 봐 타협하면서 "가족을 위해서"라고 변명합니다. 헌금이나 십일조를 제대로 드리지 않으면서 "경제적 여건이 어려워서"라고 변명합니다. 전도나 봉사를 하지 않으면서 "시간이 없어서", "능력이 부족해서"라고 변명합니다. 예배를 소홀히 하면서 "몸이 피곤해서", "일이 바빠서"라고 변명합니다. 우리는 이 중에 몇 번째에 포함됩니까? 변명하지 않아야 합니다. 우리가 대수롭지 않게 하는 변명이 하나님께 순종을 지연시킵니다.

변명은 실패한 역사를 만듭니다

변명은 영적인 것에만 손해를 끼치지 않습니다. 역사에도 심각한 영향을 줍니다. 변명의 역사는 실패의 역사를 만듭니다.

성경 역사를 보면 변명을 한 자들의 결말은 비극적입니다. 첫째, 사울 왕의 변명입니다. 하나님께서 아말렉을 완전히 진멸하라고 명합니다. 사울 왕은 좋은 짐승들은 남겨두었습니다. 이런 행동에 대해 사무엘이 책망하자 그는 이렇게 변명합니다. "백성이 양과 소 중에서 가장 좋은 것을 취하여 길갈에서 당신의 하나님 여호와께 제사하려 하였나이다(삼상 15:15)." 그가 한 변명은 얼마나 종교적이고 그럴듯합니까! 하지만 하나님은 그럴듯한 사울 왕의 변명을 받지 않으셨습니다. 도리어 사울은 왕위에서 폐위당합니다.

둘째, 아담의 변명입니다. 아담은 하와의 유혹에 선악과를 먹었습니다. 그러자 하나님께서 책망합니다. 책망을 받은 아담이 변명합니다. "하나님이 주셔서 나와 함께 있게 하신 여자 그가 그 나무 실과를 내게 주므로 내가 먹었나이다(창 3:12)." 책임을 하나님과 아내에게 전가한 교묘한 변명을 했습니다. 그럴싸한 변명을 했지만, 아담은 결국 에덴에서 추방당했습니다.

변명은 순간의 체면을 지킬 수 있지만, 신앙을 지키지는 못합니다. 우리는 변명할 때 주의해야 합니다. 변명은 하나님과의 관계에서 담을 쌓는 벽돌과 같기 때문입니다. 변명의 벽돌을 하나씩 쌓을 때마다 하나님과는 더 멀어집니다.

반대로 변명하지 않고 순종한 자들의 결과는 어떠했습니까? 첫째, 아브라함의 순종입니다. 아브라함은 "네 본토 친척 아비 집을 떠나 내가 네게 보여줄 땅으로 가라"는 하나님의 말씀에 아무런 조건 없이 순종했습니다. 결과는 믿음의 조상이 되는 영광을 선물로 받았습니다.

둘째, 모세의 순종입니다. 모세는 처음엔 "저는 본래 말을 잘하지 못하는 자"라며 변명했지만, 결국 순종의 길을 걸어 이스라엘 출애굽의 위대한 지도자로 쓰임 받았습니다.

셋째, 마리아의 순종입니다. 마리아는 "나는 주의 계집종이니 말씀대로 내게 이루어지이다"라며 순종했고, 구세주의 어머니가 되는 영광을 얻었습니다.

변명은 실패한 역사를 만듭니다. 순종은 성공의 역사를

만듭니다. 우리가 변명함으로 아담과 사울 왕처럼 실패한 역사를 만들지 않아야 합니다.

예수님은 변명하시지 않았습니다

우리 신앙과 삶의 모범이신 예수님은 하나님의 십자가를 지라는 말씀에 변명하지 않았습니다. 즉 예수님은 변명 없이 십자가를 지셨습니다.

무엇보다 우리 주 예수님을 보십시오. 겟세마네 동산에서 "아버지여 만일 할 만하시거든 이 잔을 내게서 지나가게 하옵소서"라고 기도하셨지만, 즉시 "그러나 나의 원대로 마옵시고 아버지의 원대로 하옵소서"라고 순종했습니다.

십자가는 모든 변명을 침묵시키는 사랑의 절규입니다. 예수님은 우리를 구원하시기 위해 변명 없이 십자가의 길을 걸으셨습니다. 그분에게도 수많은 변명의 여지가 있었습니다. "나는 죄가 없다." "나는 하나님의 아들이다." "이들은 내가 구원할 가치가 없다."

하지만 예수님은 그 어떤 변명도 하지 않으시고 우리를 위해 십자가를 지셨습니다. 진정한 사랑은 변명하지 않고 행동합니다. 그것은 사랑은 이유를 만들고, 핑계는 이유를 만들기 때문입니다. 변명과 순종의 차이는 행동에서 드러납니다. 예수님은 하나님의 말씀에 변명하지 않았습니다. 십자가를 지고 죽는 상황에서도 변명하지 않았습니다.

변명을 내려놓아야 합니다

오늘 우리는 변명을 내려놓아야 합니다. 혹시 지금 하나님 앞에서 어떤 명예로운 변명을 하고 계시지는 않습니까?

기도 생활이 '바빠서', '피곤해서'라는 변명 뒤에
숨어 있지 않습니까?
성경 읽기를 '어려워서', '시간이 없어서'라고
미루고 있지는 않습니까?
하나님의 음성을 '형편상', '여건상'이라는 말로
듣는 것을 외면하고 있지는 않습니까?

하나님은 우리의 사정을 다 아십니다. 그러면서도 여전히 순종을 요구하십니다. 그것은 우리의 형편과 사정이 변명이 될 수 없다는 뜻입니다.

완벽한 조건은 영원히 오지 않습니다. 상황이 맞지 않거나 좋지 않아도 변명하지 않아야 합니다. 하나님은 불완전한 우리를 통해 완벽한 일을 하십니다. 그러므로 변명과 이별해야 합니다.

변명에서 순종으로 바꾸어야 합니다

우리는 결단해야 합니다. 더 이상 명예로운 변명으로 하나님의 부르심을 미루지 말고, 단순하고 온전한 순종으로 나아가야 합니다. 주님 앞에 드려야 할 것은 더는 그럴듯한 이유가 아니라, 단순하고 온전한 순종입니다.

우리가 해야 할 고백과 결단이 있습니다.

첫째, 변명을 회개하겠습니다. 지금까지 해왔던 모든 명예로운 변명들을 하나님께 자백하고 회개하겠습니다.

둘째, 순종을 선택하겠습니다. 조건 없는 순종, 즉시 순종, 기쁜 순종을 선택하겠습니다.

셋째, 십자가를 기억하겠습니다. 변명하고 싶은 유혹이 올 때마다 우리를 위해 변명 없이 십자가를 지신 예수님을 기억하겠습니다.

순종은 완벽한 조건에서 시작되는 것이 아니라, 불완전한 현실에서 시작되는 믿음의 첫걸음입니다. 마태복음의 서기관과 제자는 명예로운 변명으로 기회를 놓쳤습니다. 하지만 우리는 다를 수 있습니다. 오늘, 이 순간부터 변명 대신 순종을 선택한다면, 그것이 바로 우리 인생의 진짜 기적이 될 것입니다. 이 한 문장이 오늘 우리의 기적이 되기를 소망합니다.

주님, 제가 이제는 변명하지 않고 따르겠습니다.

08

선택 여부가
죽음 이후를
만듭니다

한 번 죽는 것은 사람에게 정해진 것이요

그 후에는 심판이 있으리니

이와 같이 그리스도도 많은 사람의 죄를 담당하시려고

단번에 드리신 바 되셨고

구원에 이르게 하기 위하여

죄와 상관 없이

자기를 바라는 자들에게 두 번째 나타나시리라

___ 히브리서 9:27-28절

오늘의 선택이 영원의 운명을 결정합니다

오늘의 선택은 영원을 결정합니다. 한순간의 방심이 세월호와 비슷한 비극을 불러일으킬 뻔 했고, '한 번은 괜찮겠지'라는 생각이 평생의 후회로 이어진 이들을 보았습니다. 쉽게 큰돈을 좇다 젊음을 잃은 안타까운 이야기 또한 그렇습니다. 같은 순간, 같은 상황 앞에서 누군가는 선택하고, 누군가는 선택하지 않습니다. 오늘의 선택이 미래를 좌우합니다.

죽음 이후를 향한 선택도 그렇습니다. 우리는 모두 이 땅이라는 같은 세상에서 살아가고 있지만, 죽음 이후에는 전혀 다른 세상에 들어가 살게 됩니다. 어떤 세상에 들어가느냐의 운명은 바로 오늘의 선택에 달려 있습니다. 인생은 모래시계와 같아, 떨어진 모래알은 되돌릴 수 없습니다.

같은 공기를 마시고, 같은 해 아래서 일하며, 비슷한 삶의 고민을 안고 살아가는 우리에게 히브리서 9장 27-28절은 놀라운 진실을 계시합니다.

"한 번 죽는 것은 사람에게 정해진 것이요 그 후에는 심

판이 있으리니 이와 같이 그리스도도 많은 사람의 죄를 담당하시려고 단번에 드리신바 되셨고 구원에 이르게 하기 위하여 죄와 상관없이 자기를 바라는 자들에게 두 번째 나타나시리라”

이 말씀은 우리에게 세 가지 불변의 진리를 말씀합니다. 첫째, 모든 사람은 반드시 죽습니다. 둘째, 죽은 후에는 반드시 심판이 있습니다. 셋째, 그러나 예수 그리스도 안에서 구원의 길이 열려 있습니다.

오늘 우리가 할 선택은 신중해야 합니다. 내 기준으로 선택하지 않아야 합니다. 말씀에 근거한 믿음으로 선택해야 합니다. 그렇지 않으면 내일은 영원히 후회의 날이 될 수 있습니다.

죽음은 피할 수 없는 절대적 현실입니다

인간에게 죽음이란 피할 수 없습니다. 인류 역사상 단 한 명의 예외가 없었던 것이 죽음이라는 절대적 현실입니다. 건강한 사람도 죽습니다. 부자도 죽습니다. 가난한 사람도 죽습니다. 셀럽처럼 유명한 사람도 죽습니다. 권력자도 모두 죽습니다. 우리의 삶은 날마다 익숙하게 흘러가는 것처럼 보입니다. 실제로는 매일 죽음을 향해 한 걸음씩 다가가고 있습니다.

우리는 죽음의 절대성을 인정해야 합니다. 죽음 앞에서는 모든 차별이 무의미해집니다. 왕과 거지, 박사와 문맹자, 부자와 가난한 자가 모두 동등하게 죽음의 문을 지나갑니다.

그리스 철학자 디오게네스가 공동묘지에서 뼈를 만지며 했던 말이 있습니다. "이게 왕의 뼈인지, 평민의 뼈인지 알 수가 없군." 죽으면 육신은 다 같다는 의미입니다. 하지만 사람들은 죽음을 회피하려 합니다. 죽음에 대해 말하는 것조차 꺼립니다. 마치 말하지 않으면 죽음이 오지 않을 것처럼 행동합니다. 그러나 성경은 분명히 말씀합니다. "한번 죽는 것은 사람에게 정해진 것이요."

라틴어에 메멘토 모리(Memento mori)라는 말이 있습니다. '죽음을 기억하라'라는 뜻입니다. 이 말은 '너는 반드시 죽는다는 것을 기억하라'라는 의미로도 쓰입니다. 역사 속에서 아무리 확실한 진리를 주장하고, 누구도 반박할 수 없는 사실을 말하는 사람이라 해도 죽음의 시간은 반드시 그를 찾아옵니다. 이처럼 죽음은 피할 수 없는 절대적 현실입니다.

현대인에게 죽음 회피 현상들이 있습니다

현대인은 영원히 죽지 않을 것처럼 살아갑니다. 우리는 현실에서 죽음을 회피하는 삶을 살아갑니다. 노화 방지에 집착하며 영원히 젊을 수 있다고 착각합니다. 의학 기술 발달로 죽음을 무한정 연기할 수 있다고 믿습니다. 죽음에 관한 이야기를 터부시합니다. '아직 젊으니까', '건강하니까'라며 죽음을 남의 일로 치부합니다.

과연 죽음을 회피한다고 죽지 않을 수 있습니까? 이럴수록 죽음을 진지하게 마주해야 합니다. 우리가 죽음을 진지하게 마주할 때 비로소 진짜 삶을 살 수 있기 때문입니다. 죽음을 인식할 줄 아는 사람은 시간을 귀하게 여기며, 의미 있게 인생을 살아갑니다.

성경은 죽음에 대해 말씀합니다. 전도서 3장 2절에서는 "날 때가 있고 죽을 때가 있으며", 욥기 14장 5절에서는 "그의 날이 정해졌고 그의 달 수가 주께 있으므로", 시편 90편 10절은 "우리의 연수가 칠십이요 강건하면 팔십이라도"라고 전합니다.

특히, 인간의 죽음 이후의 심판은 더욱 확실한 현실입니다. 죽음이 끝이 아닙니다. 성경은 죽음 다음에 반드시 심판이 있다고 말씀합니다. "그 후에는 심판이 있으리니." 죽음은 종결이 아니라 하나님의 재판대 앞에 서는 새로운 시작입니다.

우리는 죽음 이후의 심판을 준비해야 합니다

죽음 이후에 하나님 앞에서 심판받는 것이 분명한데 현대인이 착각하는 것들이 있습니다.

"내가 남에게 해를 끼치지 않으면 되지 않나?"
"종교가 다를 뿐이지 다 같은 하나님 아닌가?"
"착하게 살면 구원받을 수 있지 않을까?"
"죽으면 그냥 끝이지, 무슨 심판이 있겠어?"

이렇게 생각하며 자신은 심판받지 않을 것으로 생각합니다. 애써 그렇게 여기며 주어진 삶을 살아갑니다.

죽음은 두렵습니다. 하지만 죽음보다 더 두려운 것이 있습니다. 죽음 이후의 심판입니다. 우리는 죽음 이후에 맞이할 심판을 준비해야 합니다. 이 땅에서의 삶은 그 심판을 위한 준비 과정일 뿐입니다. 하나님께서는 우리에게 생명을 주

시면서 동시에 책임도 주셨습니다. 우리가 어떻게 살았는지, 무엇을 선택했는지, 어떤 가치관으로 살았는지가 모두 심판의 기준입니다.

우리는 심판을 철저하게 준비해야 합니다. 하나님의 심판은 완벽하게 공정하기 때문입니다. 심판에는 편애도, 뇌물도, 인맥도 통하지 않습니다. 하나님께 읍소도 통하지 않습니다. 우리가 살면서 지은 모든 죄, 몸으로 지은 죄, 말로 지은 죄, 생각으로 지은 죄, 영적으로 지은 죄 등을 모두 심판받습니다.

심판을 받을 때, 하나님 앞에서는 어떤 변명도, 회피도 통하지 않습니다. 우리의 모든 행위가 하나님 앞에 낱낱이 기록되어 있으므로 숨겨진 것이 없고, 감춰진 것이 없습니다. 성경의 여러 부분에서 다음과 같이 증거합니다. 로마서 14장 12절은 이렇게 말씀합니다. "우리 각 사람이 자기 일을 하나님께 직고하리라." 고린도후서 5장 10절입니다. "이는 우리가 다 반드시 그리스도의 심판대 앞에 나타나게 되어" 마지막으로 요한계시록 20장 12절입니다. "죽은 자들이 자기 행위를 따라 책들에 기록된 대로 심판을 받으니." 누구도 심판을 피할 수 없습니다.

우리의 소망은 예수 그리스도입니다

죽음 이후의 심판은 우리를 두렵게 합니다. 심판만을 바라본다면 애써서 이 삶을 사는 것이 버겁게만 느껴집니다. 이 절망적인 현실 앞에서 우리에게 단 하나의 소망이 있습니다. 바로 예수 그리스도입니다. 본문 28절은 놀라운 은혜를 선포합니다. "이와 같이 그리스도도 많은 사람의 죄를 담당하시려고 단번에 드리신바 되셨고 구원에 이르게 하기 위하여 죄와 상관없이 자기를 바라는 자들에게 두 번째 나타나시리라."

예수님은 우리의 죄를 대신 담당하셨습니다. 예수님의 십자가는 하나님의 심판대에서 우리를 무죄로 선언하게 하는 유일한 증거물입니다. 예수님은 우리가 지은 모든 죄를 대신 지셨습니다. 구약의 반복적 제사와 달리, 단 한 번의 완전한 제사로 충분했습니다. 우리의 행위가 아닌 예수님의 행위로 구원이 완성되었습니다.

예수님이 우리의 소망되십니다. 예수님 안에 확실한 구원이 있기 때문입니다. 요한복음 3장 16절에 "하나님이 세상을 이처럼 사랑하사 독생자를 주셨으니"라고 기록되었습니다. 로마서 8장 1절은 "그러므로 이제 그리스도 예수 안에 있는 자에게는 결코 정죄함이 없나니"라고 합니다. 요한복음 5장 24절은 "내 말을 듣고 또 나 보내신 이를 믿는 자는 영생을 얻었고"라고 말씀합니다.

우리는 예수님 안에 있어야 합니다. 우리가 그리스도 안에 있게 되면 더 이상 죽음을 두려워하지 않게 됩니다. 도리어 죽음은 끝이 아니라, 영광스러운 만남의 시작이 됩니다.

지금이 결정할 때입니다

지금, 구원의 문은 열려 있습니다. 그러나 죽음이 닥치면 그 문은 영원히 닫힙니다. 오늘이라는 이 시간은 하나님께서 우리에게 주신 은혜의 기회입니다.

구원의 기회는 이 생애에서만 주어집니다. 내일은 영원히 오지 않을 수도 있습니다. 오늘이 바로 구원의 날이요, 지금이 바로 은혜받을 때입니다. 그러므로 지금 결정해야 합니다. 왜 지금 결정해야 합니까? 그 이유는 네 가지입니다.

첫째, 죽음의 불확실성입니다.
우리가 언제 죽을지 아무도 모릅니다.
둘째, 기회의 유한성입니다.
죽음 이후에는 더 이상 기회가 없습니다.

지금이 결정의 때입니다. 고린도후서 6장 2절을 보십시오. "보라 지금은 은혜받을 만한 때요 보라 지금은 구원의 날이로다"라고 전합니다. 히브리서 3장 15절에는 "오늘 너희가 그의 음성을 듣거든 격노하시게 하던 것 같이 너희 마음을 완고하게 하지 말라"고 말씀합니다. 잠언 27장 1절에도 "너는 내일 일을 자랑하지 말라 하루 동안에 무슨 일이 생길는지 네가 알 수 없음이니라"고 기록되었습니다.

오늘, 당신의 선택은 무엇입니까?

지금, 이 순간 우리 모두는 같은 세상에 앉아 있습니다. 같은 공기를 마시고, 같은 시간을 보내고 있습니다. 하지만 이 예배가 끝나고 각자 집으로 돌아간 후, 언젠가 우리는 죽음이라는 문을 지나게 될 것입니다. 그때 우리는 완전히 다를 세상에 들어가게 됩니다. 어떤 이는 영원한 기쁨의 세상으로,

어떤 이는 영원한 고통의 세상으로 들어갑니다.

> 만약 오늘 밤 당신이 죽는다면,
> 어느 세상에 들어갈 확신이 있습니까?
> 하나님의 심판대 앞에서 당신을 변호해 줄
> 변호사가 있습니까?
> 예수님을 진정으로 구주로 믿고 있습니까,
> 아니면 단지 종교적 관습일 뿐입니까?

구원은 확률의 문제가 아니라 확신의 문제입니다. '아마도'나 '그럴 것이다'가 아니라 '확실히 안다'여야 합니다. 혹시 아직 예수님을 믿지 않는 가족이 있습니까? 오늘 밤 그들과 함께 식사하면서 이 놀라운 복음을 전해보십시오. 내일은 너무 늦을 수도 있습니다. 우리 교회 주변에는 아직 복음을 듣지 못한 영혼이 수없이 많습니다. 그들도 우리와 같은 세상에 살고 있지만, 다른 세상에 대한 준비는 전혀 되어 있지 않습니다.

같은 세상에 살지만, 이후의 세상은 갈립니다. 우리처럼 같은 세상을 가지 않는 사람들에게 예수님을 전해야 합니다. 만약 복음을 알고도 전하지 않는 것은, 생명의 양식을 독점

하는 이기적 행위입니다.

오늘 우리 앞에는 두 개의 길이 놓여 있습니다. 첫 번째 길은 계속해서 이 땅의 일에만 매몰되어 살다가, 준비 없이 죽음을 맞이하고 심판 앞에 서는 길입니다. 두 번째 길은 예수 그리스도를 구주로 믿고, 영원한 생명의 확신을 가지고 살아가는 길입니다. 어느 길로 가고 싶습니까?

인생에는 다시 시작할 수 있는 기회들이 많습니다. 시험에 떨어지면 다시 치르면 됩니다. 사업에 실패하면 다시 일어나면 됩니다. 그러나 죽음만큼은 '다시'가 없습니다. 그러므로 반복이 없는 죽음 앞에서 현명한 선택을 해야 합니다. 지금 이 자리에서 예수님을 구주로 영접하기 원하는 분이 계시다면, 함께 이 기도를 드리십시오.

구원의 기도를 드립니다

"하나님 아버지, 저는 죄인입니다. 저의 죄로 인해 영원한 심판을 받아 마땅합니다. 그러나 예수 그리스도께서 저의 죄를 위해 십자가에서 죽으시고 부활하신 것을 믿습니다. 예수님을 저의 구주로 믿고 영접합니다. 이제 저를 하나님의 자녀로 받아주시고, 영원한 생명을 주옵소서. 예수님의 이름으로 기도드립니다. 아멘."

구원의 확신을 갖겠습니다

예수님 안에서 영원한 생명의 확신을 갖겠습니다. 매일을 영원의 관점에서 살겠습니다. 죽음과 심판을 기억하며 의미 있는 삶을 살겠습니다. 복음을 전하겠습니다. 아직 구원받지 못한 영혼들에게 이 복음을 전하겠습니다. 같은 세상에 살고 있는 우리가 다른 세상에서 다시 만날 수 있도록, 주님의 구원의 은혜가 우리 모두 위에 충만하기를 소망합니다.

우리는 지금 같은 세상에 살고 있습니다. 하지만 우리의 선택에 따라 완전히 다른 세상에서 영원을 보내게 될 것입니다. 오늘, 바로 지금, 예수 그리스도 안에서 영원한 생명을 선택하시기 바랍니다.

09

후숙[後熟]의 영웅처럼 살아야 합니다

그런데 바리새인 중에

니고데모라 하는 사람이 있으니 유대인의 지도자라

그가 밤에 예수께 와서 이르되

랍비여 우리가 당신은 하나님께로부터 오신 선생인 줄 아나이다

하나님이 함께 하시지 아니하시면

당신이 행하시는 이 표적을 아무도 할 수 없음이니이다

예수께서 대답하여 이르시되

진실로 진실로 네게 이르노니

사람이 거듭나지 아니하면 하나님의 나라를 볼 수 없느니라

＿ 요한복음 3:1-3절

남은 인생을 어떻게 살아야 하는가?

'남은 인생을 어떻게 살아야 할까?'

제가 목회한 지 35년이 되었습니다. 부사역자, 선교사, 담임목사로 섬기며, 청지기교회가 창립 18주년을 맞았습니다. 이 시점에서 깊은 성찰의 시간이 필요했습니다. 한 달간의 안식 연구원을 통해 자신을 돌아봤습니다. 이 기간 기초적이고 단순한 질문 하나를 마음속에 담았습니다.

앞으로의 10년, 제 인생과 목회의 황금기를 어떻게 살아야 할지 고민으로 시작된 질문입니다. 이 고민은 저만의 질문이 아닙니다. 인생을 깊이 고민하는 이들에게 공통된 질문일 것입니다.

'어떻게 살아야 하는가?'
'잘 산다는 것은 무엇인가?'
'인생을 어떻게 마무리해야 할까?'

삶이 바쁘다 보니 우리는 본질적인 질문도 자주 놓칩니다. 인생의 본질적인 질문의 시간은 놓치면 안 됩니다. 반드시 질문할 기회를 가져야 합니다.

인생의 가장 중요한 질문은 '얼마나 오래 사느냐?'가 아니라 '얼마나 의미 있게 사느냐?'입니다.

본질적인 질문을 던지면 예수님을 찾게 됩니다

"어떻게 해야 참되게 거듭날 수 있을까?"

오늘 본문 요한복음 3장에 니고데모가 등장합니다. 그도 역시 인생의 본질을 고민합니다. 외적으로는 고민할 사람이 아닙니다. 그는 모든 것을 갖춘 사람입니다. 정치적 지위, 경제적 부, 학식, 인격, 신앙까지 모두 갖춘 '완벽한 사람'입니다. 그 시대 최고의 권력을 지닌 산헤드린 공회원이자, 종교적 열심까지 지닌 지도자입니다.

우리는 니고데모를 보면 부럽다고 생각하기 쉽습니다. 인생의 모든 면에서 성공한 듯 보이기 때문입니다. 그러나 놀랍게도 그는 밤에 예수님을 찾아왔습니다. 이유는 단 하나. 인생의 본질적인 질문 때문이었습니다.

니고데모는 세상적으로 성공했지만 본질적으로 채워지지 않는 공허함을 느꼈습니다. 그 갈증을 해소해야 했습니다. 마침내 갈증을 해소하기 위해 예수님께 나아왔습니다. 본질적인 질문을 하는 사람에게 갈증은 외적이지 않고 내적입니다. 내적 갈증은 '성공'이 아니라 '의미'에서 왔습니다. 예수님은 그에게 분명히 말씀합니다.

"진실로 진실로 네게 이르노니 사람이 물과 성령으로 나지 아니하면 하나님의 나라에 들어갈 수 없느니라(3절)."

니고데모는 거듭남의 필요를 인정했습니다. 동시에 여전히 미숙한 신앙인이었습니다. 그러나 그가 거기서 멈추지 않았다는 것이 중요합니다. 요한복음 7장에서 그는 동료 바리새인들 앞에서 예수님을 변호합니다. 이 모습은 그가 성숙한 신앙인으로 성장했음을 보여줍니다. 거듭남을 경험한 후, 그는 하나님의 말씀을 실천하는 사람으로 변화되었습니다. 참된 성장은 조용히 일어나지만, 그 열매는 결국 드러나게 마련입니다.

우리의 삶은 후숙의 영웅과 같아야 합니다

요한복음 19장에서 우리는 니고데모의 결정적인 변화, '후숙의 삶'을 목격합니다. 그는 몰약과 침향 섞은 것을 백 리트라나 준비하여 예수님의 장례를 치렀습니다. 이제는 더 이상 체면이나 사람들의 시선을 두려워하지 않고, 오직 주님을 위하여 헌신합니다. 그는 성숙을 넘어서, 남을 위한 삶을 실천하는 '후숙의 영웅'이 되었습니다. 가장 아름다운 인생은 자신을 위해 살다가 남을 위해 죽는 인생이 아니라, 남을 위해 살다가 남을 위해 죽는 인생입니다.

'후숙(後熟)'은 단순히 성숙에 머무르지 않고, 성숙 이후에도 생명력을 지닌 삶을 뜻합니다. 잘 익은 열매가 누군가에게 기쁨이 되고, 그 씨가 다시 생명을 낳는 것처럼, 후숙한 인생은 다른 사람을 살립니다. 진정한 성공은 내가 얼마나 높이 올라갔느냐가 아니라, 내가 얼마나 많은 사람을 끌어올렸느냐로 측정됩니다.

우리가 살아가야 할 인생의 목표는 단순히 내가 잘 되는 데에 머물러서는 안 됩니다. 내가 잘 되어 누군가를 세우는 인생이 되어야 합니다. 축복받는 인생에서 머무르지 말고, 축복을 나누는 인생이 되어야 합니다. 하나님을 아는 자에 머무르지 않고 하나님의 은혜를 누리는 자가 되어야 합니다. 바로 이것이 후숙의 삶이며, 후숙의 영웅이 살아가는 삶의 방식입니다.

예수님처럼 후숙의 삶을 살아야 합니다

우리는 후숙의 삶을 살아야 합니다. 후숙의 삶을 살려면 본보기가 필요합니다. 본보기는 예수님입니다. 예수님은 후숙의 삶을 살았습니다. 십자가에서 자신의 생명을 내어주시며, 우리 모두를 살리셨습니다. 그분은 후숙의 영웅이었습니다.

예수님은 자신을 잃어버림으로써 온 세상을 얻으셨습니다. 자신을 낮추심으로써 모든 이름 위에 뛰어난 이름을 얻으셨습니다. 이제 우리도 주님을 따라 후숙의 삶을 살아야 합니다. 단지 미숙한 신앙에서 벗어나 성숙한 신앙으로 나아가는 데 그치지 말아야 합니다. 성숙을 넘어 후숙의 신앙, 남을 살리는 신앙으로 나아가야 합니다.

1880년 미국의 소설가이자 정치인 루 월러스(Lew Wallace)의 소설 『벤허 - 그리스도 이야기』는 청년 벤허의 고난과 청년 예수님의 운명이 절묘하게 엮은 책입니다. 그는 예루살렘의 제일가는 유대 귀족입니다. 나중에 벤허는 모든 것을 잃은 채 노예로 팔려갑니다. 벤허는 예수님의 삶을 보며 크게 도전받고 점점 성숙한 모습으로 다듬어져 갑니다. 소설의 끝 부분에서 지하교회 태동을 위해 벤허가 자신의 전 재산을 다 기부합니다. 이런 삶은 성숙을 넘어 후숙으로 세상에 선한 영향력을 끼치고 있음을 보여줍니다.

우리도 예수님처럼 후숙의 삶을 살아야 합니다. 하나님을 위해 나를 내어주어야 합니다. 삶이 힘든 사람을 위해 내가 가진 것을 내어줄 수 있어야 합니다. 살만한 세상을 만들기 위해 나의 신앙이 예수님을 닮아야 합니다.

사람을 살리는 인생을 살아야 합니다

지금까지 자신을 성숙시키기에 급급한 삶을 살았다면, 이제 우리는 삶의 방식과 목표를 다시 생각해야 합니다. 후숙의 삶을 위하여 우리는 세상에서 어떻게 살아야 할까요?

첫째, 맡겨진 역할을 충실히 감당해야 합니다. 이렇게 사는 것은 현재 내가 서 있는 자리에서 탁월함을 추구하되, 그 탁월함이 나만을 위한 것이 아니라 공동체를 세우는 도구가 되도록 하는 것입니다.

직장에서는 단순히 업무만 처리하는 것이 아니라 동료들

의 고민을 들어주고, 어려운 일이 있을 때 먼저 나서서 돕는 사람이 되어야 합니다. 가정에서는 배우자와 자녀들의 마음을 헤아리며, 그들의 꿈을 응원하고 지지하는 든든한 버팀목 역할을 감당해야 합니다. 교회에서는 내가 맡은 사역뿐만 아니라 새로 나온 성도들을 따뜻하게 맞이하고, 신앙생활에 어려움을 겪는 이들을 위해 구체적으로 기도하며 섬겨야 합니다.

둘째, 존경받는 성도로 살아야 합니다. 그런 삶을 산다는 것은 말보다는 삶으로 그리스도의 향기를 발하며, 사람들로 하여금 "저런 그리스도인이 되고 싶다"라는 마음을 갖게 하는 것입니다. 이를 위해서는 평소 말과 행동에서 일치를 보여야 합니다.

약속은 반드시 지켜야 합니다. 실수했을 때는 솔직하게 인정하며 사과하는 모습을 보여야 합니다. 어려운 상황에서도 불평하기보다는 감사를 찾아 표현해야 합니다. 남을 비판하기보다는 이해하려고 노력하는 자세를 가져야 합니다. 특히 돈 문제에서는 정직하게 처리하고, 어려운 이웃을 위해 기꺼이 나누는 관대함을 실천해야 합니다. 무엇보다 교회 밖에서도 교회 안에서와 동일한 모습을 보이며, 그리스도인의 품격을 잃지 않는 것이 중요합니다.

셋째, 다른 사람을 살리는 인생을 살아야 합니다. 그런 삶

을 산다는 것은 내가 가진 경험과 지혜, 자원을 적극적으로 나누어 다음 세대와 주변 사람들이 더 나은 삶을 살 수 있도록 돕는 것입니다.

구체적으로는 인생의 고비마다 겪었던 시행착오와 극복 경험을 젊은 세대와 나누며 코치(멘토) 역할을 감당해야 합니다. 경제적 여유가 있다면 어려운 가정의 자녀 교육비를 지원하거나, 창업을 꿈꾸는 청년들에게 실질적인 도움을 주는 것도 좋습니다. 전문적 기술이나 지식이 있다면 그것을 무료로 가르쳐주거나, 취업 준비생들에게 실무 경험을 쌓을 기회를 제공해주어야 합니다. 또한, 가족 내에서는 자녀들과 손자녀들이 건전한 가치관을 갖고 성장할 수 있도록 신앙의 유산을 물려주고, 주변의 믿지 않는 이웃들에게는 삶의 간증을 통해 복음을 자연스럽게 전하는 것이 후숙의 영웅이 걸어가야 할 길입니다.

> 인생의 마지막 페이지에 쓰일 가장 아름다운 문장은
> '나는 잘살았다'가 아니라
> '나로 인해 누군가가 더 잘살게 되었다'입니다.

이것이 주님께서 우리에게 원하시는 가장 가치 있는 인생입니다. 우리 모두 후숙의 삶으로 후숙의 영웅이 되기를 바랍니다.

10

예수님을
벤치마킹하십시오

내가 그리스도를 본받는 자가 된 것 같이

너희는 나를 본받는 자가 되라

___ 고린도전서 11:1절

따라가는 것이 능력입니다

우리는 좋은 것을 보면 배우고 싶고, 잘된 것을 보면 따라 하고 싶어집니다. 이것이 바로 벤치마킹입니다. 벤치마킹이란 경영학에서는 우수한 기업의 방식을 모델로 삼아 자기 기업에 적용하는 전략입니다. 벤치마킹의 가장 큰 장점은 시간을 단축하면서도 수준 높은 결과를 만들어 낼 수 있다는 것입니다.

지혜로운 사람은 남의 실패를 피하고, 남의 성공을 배우며 자신의 길을 엽니다. 신앙생활도 마찬가지입니다. 우리도 누군가를 벤치마킹해야 합니다. 더 정확히 말하자면, 우리는 예수 그리스도를 벤치마킹해야 합니다. 사도 바울은 이렇게 말합니다.

"내가 그리스도를 본받는 사람인 것과 같이 너희는 나를 본받으라."

이 말씀 속에는 두 가지 따라가야 할 방향을 제시합니다.

첫째는 우리가 예수님을 본받아야 한다는 것입니다. 우리가 벤치마킹할 분은 예수님입니다. 세상의 유명한 사람이 아닙니다. 우리를 위해 십자가를 지신 예수님입니다.

둘째는 우리가 다른 사람에게 본이 되어야 한다는 것입니다. 우리는 혼자 신앙생활 잘하길 원할 수 있습니다. 예수님은 그렇지 않습니다. 다른 사람에게 본이 되길 원하십니다. 다른 사람이 배울 것이 있어야 합니다. 다른 사람이 따라 하고 싶은 것이 있어야 합니다. 먼저 예수님을 따라 하면서 사람들이 우리를 따라 하게 해야 합니다.

신앙생활에서 이 두 가지가 함께 가야 합니다. 그럴 때 건강한 신앙의 벤치마킹이 이뤄집니다.

예수 그리스도를 벤치마킹하십시오

예수님을 믿는다는 것은 단순히 교회에 출석하는 것이 아니라, 예수님의 삶을 내 삶의 모델로 삼고 닮아가는 것입니다. 예수님은 단지 구세주가 아니라, 우리가 걸어가야 할 길입니다. 성경은 말합니다. "하나님이 자기 형상대로 사람을 지으셨다(창 1:27)."

이 말은 우리가 하나님의 성품을 닮도록 창조되었다는 뜻입니다. 그러나 죄로 인해 우리는 그 성품에서 멀어졌고, 사탄의 성품이 우리 안에 자리 잡았습니다. 하지만 하나님은 우리를 그냥 두지 않으셨습니다. 예수님을 이 땅에 보내셔서 우리 죄를 대신 짊어지게 하셨고, 그분을 통해 다시 하나님의 형상을 회복할 수 있게 하셨습니다.

십자가는 하나님의 성품 복원 프로젝트입니다. 예수님은 하나님의 본을 이 땅에 완전히 보여주신 분입니다. 그러므로 우리는 예수님의 성품을 벤치마킹해야 합니다.

예수님의 겸손을 벤치마킹해야 합니다.
예수님의 자비를 벤치마킹해야 합니다.
예수님의 기도를 벤치마킹해야 합니다.
예수님의 용서를 벤치마킹해야 합니다.
예수님의 십자가를 벤치마킹해야 합니다.

사도 바울뿐 아니라, 베드로도 말합니다. "그리스도께서 너희를 위하여 고난을 받으사 너희에게 본을 끼쳐 그 자취를 따라오게 하려 하셨느니라(벧전 2:21)." 예수님께서 우리에게 본을 끼친 것은 그 자취를 따라오게 하려 하심입니다. 이제 우리 차례입니다. 예수님은 우리가 따라야 할 자취, 모범, 길입니다.

내가 벤치마킹의 대상이 되어야 합니다

"예수님을 따라가는 제자에서, 예수님을 보여주는 증인이
되라."

우리는 예수님을 본받는 데서 멈추지 않아야 합니다. 이제는 나를 통해 누군가가 예수님을 본받게 해야 합니다. 다시 말해, 나도 누군가에게 신앙의 벤치마킹 모델이 되어야 한다는 것입니다.

사도 바울은 담대히 말합니다. "너희는 나를 본받아라." 그는 자신이 완벽하다는 의미로 말한 것이 아닙니다. "내 삶을 보면, 예수님이 보일 것이다"라는 책임 있는 고백이자 헌신의 표현이었습니다.

여기서 저는 '브런치'라는 단어를 떠올립니다. 아침(breakfast)과 점심(lunch) 사이에 존재하는 식사입니다. 우리의 위치도 그렇습니다. 예수님과 세상 사이에 놓인 사람들, 그것이 바로 그리스도인입니다.

우리는 세상과 예수님 사이를 잇는 다리입니다.
우리를 통해 세상이 예수님을 보아야 합니다.
우리의 정직함을 통해,
세상이 예수님의 진리를 보아야 합니다.
우리의 사랑을 통해,
세상이 예수님의 마음을 느껴야 합니다.
우리의 용서를 통해,
세상이 십자가의 은혜를 알아야 합니다.

세상이 교회를 외면하고, 그리스도인을 비난하는 시대입니다. 그럴수록 우리는 더욱 예수님을 닮은 사람으로 서야 합니다. 우리의 역할은 이 세상에서 더욱 중요합니다. 하나님은 우리를 세상의 걱정거리가 아니라, 세상의 빛으로 부르셨습니다. 그러기 위해 우리는 다음과 같이 살아야 합니다.

당당하자!
내가 교회 다닌다는 것,
예수 믿는다는 것, 당당하게 여깁시다.
하나님을 믿는 자는 세상 앞에서도 고개를 들 수 있습니다.
정직하자!

세상은 정직한 사람을 기억합니다.

정직은 예수님의 흔적을 보여주는

가장 실천적인 방법입니다.

서로를 비난하지 말자!

우리는 서로를 끌어내리는 데 에너지 낭비하지 말고,

끌어올리는 데 힘써야 합니다.

하나님이 살아계심을 철저히 믿자!

상황이 답답할수록, 하나님을 더욱 신뢰해야 합니다.

우리가 멈춰 설 때, 하나님은 일하시기 시작하십니다.

예수님을 벤치마킹하면,
다른 사람의 벤치마킹 대상이 됩니다

예수님을 믿는 것은 예수님처럼 살아가는 것입니다. 그리고 예수님처럼 살아가는 삶은, 누군가에게 예수님을 보여주는 삶이기도 합니다.

사도 바울은 말합니다. "내가 그리스도와 함께 십자가에 못 박혔나니… 이제 내가 사는 것은 내 안에 그리스도께서 사시는 것이라(갈 2:20)." 내 안에 예수님께서 살아야 합니다. '나는 예수님을 따라 사는 사람입니다. 그래서 나를 보면 예수님이 보입니다.' 이 고백이 우리의 고백이 되어야 합니다.

우리는 예수님이 벤치마킹 대상이어야 합니다. 또한, 누군가에게 신앙의 모델이 되어야 합니다. 누군가의 벤치마킹 대상이 되려면 삶의 수준을 높여야 합니다. 우리의 가정에서, 일터에서, 교회에서, 세상 한가운데에서 예수님의 브런치로 살아갑시다. 예수님을 본받고, 누군가가 우리를 본받도록 살아갑시다.

예수님을 닮아가는 삶은 결국 세상을 하나님께로 이끄는 길이 됩니다. 다른 사람이 벤치마킹할 수 있는 사람이 되어 먼저 누린 사랑과 은혜를 나누게 됩니다. 고린도전서 11장 1절에 "내가 그리스도를 본받는 자가 된 것 같이 너희는 나를 본받는 자가 돼라"라고 합니다.

먼저 예수님을 본받기 위해 벤치마킹하십시오. 바울의 말처럼 나를 본받는 자가 되라고 자신 있게 말할 수 있는 다른 사람의 견주기의 대상이 되십시오.

11

나를
성령으로
디자인하십시오

오순절 날이 이미 이르매

그들이 다같이 한 곳에 모였더니

홀연히 하늘로부터 급하고 강한 바람 같은 소리가 있어

그들이 앉은 온 집에 가득하며

마치 불의 혀처럼 갈라지는 것들이 그들에게 보여

각 사람 위에 하나씩 임하여 있더니

그들이 다 성령의 충만함을 받고

성령이 말하게 하심을 따라

다른 언어들로 말하기를 시작하니라

___ 사도행전 2:1-4절

본능처럼 뿌리를 그리워합니다

사람은 본능적으로 뿌리를 그리워합니다. 사람은 부모를 찾고자 합니다. 고향을 그리워합니다. 처음을 기억하려 합니다. 그리움에는 이유가 없습니다. 단지 그 속에 내가 누구인지를 보여주는 진짜 내가 있기 때문입니다. 교회도 마찬가지입니다. 교회에는 뿌리가 있습니다. 다양한 모양과 시대를 거쳤지만, 교회의 시작은 오직 하나, 성령입니다.

신앙의 뿌리는 말씀입니다. 교리나 신조가 아닙니다. 성경을 읽고 묵상하는 것은 신앙의 뿌리를 견고히 하기 위함입니다. 사도행전 2장은 교회의 본질이 무엇인지, 교회가 어떻게 시작되었는지를 선명하게 보여줍니다. 그리고 오늘, 우리는 교회와 신앙의 본질 즉 그 뿌리를 다시 붙잡아야 합니다.

교회의 뿌리는 성령입니다

오순절 그날, 다락방에 120명이 모였습니다. 예수님은 승천하셨고, 그들은 불안과 기대가 뒤섞인 채로 한곳에 모여 있었습니다. 갑자기 하늘로부터 급하고 강한 바람 같은 소리가 온 집에 가득했습니다. 그리고 혀같이 갈라지는 불의 모양이 그들에게 보여 각 사람 위에 하나씩 임했습니다. 그들의 마음은 말로 형용할 수 없을 만큼 떨렸을 겁니다. 그 순간, 인류 역사상 가장 극적인 변화가 시작되었습니다. 두려움에 떨던 제자들이 담대한 복음의 증인이 되었고, 절망에 빠진 사람들이 소망의 전령이 되었습니다.

성령은 바람처럼 우리를 흔들고, 불처럼 우리를 새롭게 했습니다. 교회는 그렇게 시작되었고, 그렇게 세워졌습니다. 성령 받은 사람들이 모여, 성령의 뜻을 따라 교회를 이루었습니다. 교회는 조직이 아니라, 성령의 생명으로 움직이는 유기체입니다.

그러므로 교회는 본능적으로 성령을 구하고, 성령의 인도를 따라야 합니다. 교회의 뿌리가 성령이듯, 성도의 삶 역시 성령으로 디자인되어야 합니다.

여기서 '디자인'이라는 단어를 생각해봅니다. 디자인이란 단지 겉을 예쁘게 꾸미는 것이 아닙니다. 디자인은 목적과 기능에 따라 구조를 재구성하는 작업입니다. 즉, 무엇을 위한 존재인가를 기준 삼아 삶을 새롭게 짜는 것입니다.

성령은 우리의 인생을 하나님의 뜻에 맞게 다시 설계합니다. 이것은 성경 전체를 관통하는 진리입니다. 에스겔 36장 26절에서 하나님은 "새 마음과 새 영을 너희 속에 두되"라고 약속합니다. 고린도후서 3장 18절은 "우리가 다 수건을 벗은 얼굴로 거울을 보는 것 같이 주의 영광을 보매 그와 같은 형상으로 변화하여 영광에서 영광에 이르니 곧 주의 영으로 말미암음이니라"고 선포합니다.

성령은 우리를 영광에서 영광으로 변화시키시는 거룩한 디자이너입니다. 무너진 마음을 다시 세우시고, 뒤엉킨 가치관을 다시 조정하시며, 죄로 흐트러진 삶의 도면을 새롭게 그리십니다.

성령은 거룩한 디자이너이십니다. 우리의 인생을 하나님께서 쓰시기 합당한 구조로 재편하십니다. 그러므로 성령의 역사에 민감해야 합니다.

우리가 성령으로 디자인되면, 내 뜻이 아닌 하나님의 목적을 따라 살아갑니다. 말씀과 기도, 섬김과 사랑이 내 삶의 중심이 됩니다. 그 중심에서 교회와 세상이 연결되는 놀라운 질서가 시작됩니다.

성령은 열매를 맺게 하십니다

성령은 디자이너이시기도 하지만 동시에 위로자이시고, 진리의 영이시며, 능력의 원천이시고, 중보자이십니다. 성령은 디자이너이기에 우리가 열매를 맺도록 만들 수 있습니다.

예수님은 성령을 '보혜사'라 부르며 우리를 위로하고 도우시는 분이라 합니다. 그리고 '진리의 영'이라 하여 모든 진리 가운데로 인도하시는 분이라 합니다. 우리를 진리의 사람으로 만들도록 디자인합니다.

성령은 한 가지 색깔로만 칠해질 수 없는 무지개 같습니다. 그리고 이 모든 역할이 우리 삶을 새롭게 디자인하는 한 가지 목적을 향해 조화롭게 어울리게 합니다.

갈라디아서 5장은 성령의 아홉 가지 열매를 제시합니다. 사랑, 희락, 화평, 오래 참음, 자비, 양선, 충성, 온유, 절제. 이것은 성령께서 우리 안에 심으시고 가꾸시는 하나님 나라의 정원입니다.

성령으로 디자인된 사람의 특징이 있습니다. 말씀을 통해 방향을 잡습니다. 사랑을 통해 세상과 연결합니다. 하나님의 마음을 닮은 사람을 만듭니다. 성령의 열매를 맺은 사람은 말씀 앞에서 울 줄 알고, 이웃 앞에서 나눌 줄 압니다. 그 사람은 성경을 읽고 나서 손을 폅니다. 두 손 모아 기도합니다. 기도한 뒤 세상이 성령의 열매를 맺도록 발걸음을 옮깁니다. 성도의 삶에 말씀은 기준이 됩니다. 예수님의 사랑이 행동이 됩니다. 그리고 그 모든 시작은 성령입니다.

성령은 기도하는 자에게 임합니다

성령은 기다리는 자, 간절히 구하는 자, 기도하는 자에게 임합니다. 사도행전은 말합니다. "오로지 기도에 힘쓰더라(1:14).", "오로지 기도하기를 힘쓰니라(2:42)." 온 마음으로 기도할 때 성령이 임했습니다.

성령의 디자인은 기도의 자리에서 시작됩니다. 기도는 나를 내려놓는 공간이자, 하나님의 뜻이 들어오는 통로입니다. 내 생각의 밑그림을 지우고, 성령의 설계로 다시 그리는 자리입니다. 기도는 하나님께 내 삶의 설계권을 넘겨드리는 행위입니다. 기도하면, 성령은 우리의 삶에 하나님의 청사진을 그려갑니다.

성령으로 디자인된 삶은 구체적으로 어떤 모습일까요? 월요일 아침, 직장에서는 단순히 업무만 처리하는 것이 아니라 동료의 어려움에 귀 기울이고, 갈등 상황에서 화평케 하는 역할을 감당합니다. 성령의 온유함으로 까칠한 상사를 대하고, 성령의 충성으로 맡은 일에 최선을 다합니다. 화요일 저녁, 가정에서는 피곤함을 이유로 가족을 소홀히 하지 않고, 성령의 오래 참음으로 배우자의 말을 끝까지 들어줍니다. 자녀의 꿈을 성령의 사랑으로 응원하고, 부모님께 성령의 자비로 효도합니다. 수요일 저녁, 교회에서는 형식적인 예배가 아니라 성령의 충만함으로 하나님께 나아갑니다. 새로 나온 성도를 성령의 양선으로 따뜻하게 맞이하고, 어려운 이웃을 성령의 희락으로 섬깁니다. 목요일부터 주일까지 계속해서 성령의 아홉 가지 열매가 삶의 모든 영역에서 자연스럽게 흘러나오는 것, 이것이 성령으로 디자인된 삶입니다.

성령으로 다시 빚어지는 인생이 됩니다

성령으로 디자인된 삶은 하나님의 손에 의해 다시 설계된 인생입니다. 그 안에서는 죄가 태워집니다. 말씀의 줄기가 세워집니다. 사랑의 가지가 자라납니다. 내 뜻과 고집이 무너지고, 하나님의 성품이 내 삶 속에 새겨집니다.

성령께서 우리 인생을 다시 디자인한 목적이 있습니다. 하나님의 형상이라는 원래 설계로 회복시키기 위함입니다.

성령으로 디자인된 사람은 스스로 변화되고, 주변을 변화시키는 거룩한 영향력의 사람이 됩니다. 그 사람을 통해 가정이 회복됩니다. 교회가 살아납니다. 세상이 복음에 관심을 갖습니다.

성령은 성도에게 감동을 주는 것만이 아닙니다. 삶의 방향을 재설정해줍니다. 성령은 한순간의 은혜가 아니라, 전 인생의 재편성입니다. 이제는 나의 생각이나 나의 기준으로 살아가는 인생이 아닙니다. 성령의 손에 이끌리는 인생이 되어야 합니다. 나는 아직 완성되지 않았습니다. 그러나 성령 안에서 다시 빚어지고 있습니다.

성령으로 디자인된 삶은 하나님 나라의 교회를 세웁니다. 하나님의 영광을 담는 그릇으로 쓰임 받는 인생이 됩니다. 오늘 당신의 인생을 성령께 맡기십시오. 성령께서 당신을 다시 디자인하실 것입니다. 하나님의 사람으로 빚을 것입니다. 성령으로 디자인된 사람이 되기를 꿈꾸십시오.

12

하나님의 MBTI는 'J'입니다

태초에 하나님이

천지를 창조하시니라

___ 창세기 1:1절

하나님은 완벽한 계획형(J형)입니다

혹시 MBTI 검사 해보셨나요? 그중에서도 마지막 글자 'J'는 무엇을 의미하는지 아십니까? 바로 '계획형', 즉 체계적이고 순서를 중시하며 끝맺음이 분명한 성격을 말합니다.

하나님은 어떤 분입니까? 우리 인간의 어떤 틀로도 완전히 설명될 수 없는 무한하시고 초월적인 분이십니다. 성경을 통해 우리에게 드러내신 하나님의 성품을 현대적 언어인 MBTI로 표현한다면, 하나님의 MBTI는 완벽한 J형이라고 할 수 있습니다. 하나님은 즉흥의 신이 아니라 질서의 주인입니다. 질서의 주인이신 것은 완벽한 당신의 계획에 따라 세상을 창조한 것으로부터 알 수 있습니다. 인간과 달리 하나님의 계획과 섭리는 완벽합니다. 오늘 완벽한 하나님을 묵상합니다. 계획에서 완벽하신 하나님을 만납니다.

많은 사람이 하나님을 오해합니다. 마치 변덕스럽고 예측 불가능한 분처럼 생각합니다. '왜 갑자기 시련을 주시지?', '왜 갑자기 침묵하시지?' 하지만 성경은 이렇게 증거합니다. "나는 어제나 오늘이나 영원토록 동일하니라(히 13:8)."

하나님은 변덕쟁이가 아닙니다. 하나님은 어제나 오늘이나 영원토록 한결같습니다. 계획적인 것에서도 변함이 없습니다. 시편 33편 11절에 "주의 계획은 대대에 이르며, 주의 뜻은 영원히 서리이다."라고 합니다. 우리는 하나님이 만드신 우주 안에 살고 있습니다. 우주는 완벽한 하나님의 사랑의 흔적입니다. 이런 말이 있습니다. "우주의 질서는 우연이 아니라, 완벽한 사랑의 흔적입니다." 우주가 움직이는 것은 완벽한 계획안에서 움직인다는 것을 알 수 있습니다.

매일 아침 해가 뜹니다. 우리나라는 봄, 여름, 가을, 겨울 등의 계절로 움직입니다. 당신의 심장이 규칙적으로 뛰는 것 등 모든 것이 하나님의 세밀한 계획과 돌보심의 증거입니다.

광활한 우주에서 작은 지구 한 곳에 살고 있는 여러분 한 사람 한 사람을, 하나님은 잊지 않으시고 기억하고 계십니다. 하나님의 완벽한 계획 덕분에 가능합니다.

세상은 질문을 던지지만, 인간의 마음은 답을 찾습니다

우리는 하나님의 완벽한 계획에 따라 움직이는 우주의 질서에 의심하지 않을 필요가 있습니다. 의심보다는 믿음으로 받아들여야 합니다. 의심은 질문에서 시작되지만, 평안은 답을 만난 마음에서 완성되기 때문입니다.

때로는 우리도 질문에 부딪힙니다. 특히 힘든 순간에 그렇습니다.

우리가 하는 위의 질문들은 나쁜 것이 아닙니다. 심지어 믿음이 깊은 사람도 고난 앞에서 의문을 품습니다.

현대 과학도 놀라운 발견들을 통해 우주와 생명의 신비를 탐구합니다. 이 과학이 하나님이 만드신 세계를 더 깊이 이해할 수 있게 도와주는 소중한 도구입니다. 과학이 ‘어떻게’라는 경이로움을 보여준다면, 우리의 신앙은 하나님에 대해 세상에게 ‘왜’라는 사랑의 이유를 들려주어야 합니다.

하나님이 어떤 분인가를 설명하는 많은 이론과 설명이 있어도 우리 마음 깊은 곳의 갈급함은 채워지지 않습니다. 왜냐하면, 우리는 단순히 지식을 원하는 것이 아니라 사랑받고 있다는 확신을 원하기 때문입니다.

이런 질문에 대한 놀라운 소식이 있습니다. 하나님께서

먼저 우리를 찾아오셨다는 것입니다. 하나님은 우리를 위해 침묵하지 않으시고 말씀하셨습니다. 하나님은 숨어 계시지 않고 성경과 예수 그리스도를 통해 당신의 마음을 보여주었습니다. 이런 것들이 철저한 계획 속에서 이루어졌습니다. 창조주 하나님은 멀리 계신 분이 아닙니다. 아주 가까이 계신 분입니다. 할 수만 있다면 가까이 다가오고자 하는 아버지입니다.

하나님의 첫 마디에 주목해야 합니다

"태초에 하나님이 천지를 창조하시니라."

창세기의 첫 문장은 우리 마음의 고향입니다. 하나님의 첫마디는, 우리 존재의 뿌리입니다. 이 한 문장 안에 얼마나 많은 위로가 담겨 있는지 아십니까? 이것은 단순한 정보가 아닙니다. 이것은 '너는 혼자가 아니다', '너는 우연이 아니다', '너는 사랑받기 위해 만들어졌다'라는 하나님의 다정한 속삭임입니다.

하나님은 말씀으로 세상을 창조하시며, 매일매일 "보시기에 좋았더라"고 만족스러워하셨습니다. 하나님께는 창조의 과정이 최고로 아름다웠습니다. 빛과 어둠을 나누셨습니다. 하늘과 바다를 만드셨습니다. 땅에 식물을 자라게 하셨습니다. 해와 달과 별들을 두셨습니다. 인간을 위시한 수많은 생명체를 만드셨습니다. 그리고 마지막에 당신의 형상을 따라 인간을 창조하셨습니다.

하나님께서 친히 '천지창조'를 디자인하셨기에 우주는 아름답고, 창조한 하나님의 삶은 대단히 소중합니다. 하나님의 창조 이야기는 구약에 그치지 않습니다. 신약으로 그대로 넘어옵니다. 창조주 하나님께서 우리를 너무 사랑해서 직접 이 땅에 오셨습니다. 바로 예수님입니다. 그분은 바람과 바다를 잠잠케 합니다. 병든 자를 고치십니다. 슬퍼하는 자를 위로해주십니다. 무엇보다 십자가에서 우리의 모든 아픔과 죄를 지고 죽었다가 사흘 만에 부활하셨습니다. 예수님의 부활은 창조의 재확인이며, 십자가는 하나님 사랑의 서명입니다.

창조신앙을 가지면 인생의 답이 보입니다

우리의 신앙은 창조신앙일 필요가 있습니다. 창조신앙은 내 마음과 하루, 관계와 꿈을 변화시키기 때문입니다. 사람이 창조를 믿는다는 것은 창조자가 지금도 나와 함께 있음을 믿는 것입니다. 그리고 창조신앙으로 사는 것입니다.

창조신앙은 우리의 삶에 어떤 따뜻한 변화를 가져다줄까요? 첫째, 창조신앙은 바라보는 눈을 바꿉니다. 힘든 일이 생겨도, 실패해도, 이 모든 것이 하나님의 사랑 안에서 의미 있는 과정이라는 믿음을 갖습니다. 이런 삶은 혼돈이 아닙니다. 하나님의 사랑 안에 숨겨진 아름다운 이야기입니다.

둘째, 창조신앙은 마음의 무게를 덜어줍니다. 걱정과 두려움 대신 평안이 찾아옵니다. 나를 만드신 분이 나를 가장 잘 아시고, 가장 사랑하신다는 확신 때문입니다. 하나님의 자녀인 나는 실수가 아니라 하나님의 소중한 작품입니다.

셋째, 창조신앙은 일상을 거룩하게 만듭니다. 직장에서의 일도, 가정에서의 작은 수고도, 교회에서의 섬김도 모두 하나님과 함께하는 창조적 행위가 됩니다. 하나님과 함께하므로 창조신앙은 평범한 하루를 하나님과의 아름다운 협력으로 만듭니다.

넷째, 창조신앙은 기도를 자연스럽게 만듭니다. 매일 아침 이렇게 기도하게 됩니다. '하나님, 오늘도 저의 하루를 함께 만들어주세요.' 기도는 창조주께 오늘의 설계도를 구하는 사랑의 대화입니다.

다섯째, 창조신앙은 용기를 줍니다. 내 능력을 의지하는 것이 아니라, 하나님의 능력을 신뢰하며 한 걸음씩 나아가게 됩니다. 하나님의 설계 안에서 사는 사람은 불가능해 보이는 일도 할 수 있습니다. 하나님이 시작하셨기에 끝도 아름답습니다. 하나님이 시작하신 이야기이므로 반드시 해피엔딩으로 끝납니다.

창조의 신앙은 인생의 답을 갖고 살게 됩니다. 바라보는 눈이 바뀝니다. 마음이 평안으로 가득합니다. 거룩한 일상을 살아갑니다. 자연스럽게 기도하는 사람이 됩니다. 하나님의 용기로 세상을 살아가니 인생에 답이 없을 수 없습니다.

하나님은 우리 삶을 세밀하게, 사랑으로 설계합니다

우리는 각자 다른 환경에서, 다른 상처를 안고, 다른 꿈을 품고 살아갑니다. 하지만 한 가지는 모두 같습니다. 하나님이 우리 각자를 만드셨고, 지금도 사랑하고 계시며, 앞으로도 함께하실 것이라는 사실입니다.

때로는 인생이 엉망처럼 느껴질 때가 있습니다. 계획대로 되지 않고, 관계가 어긋나고, 건강이 안 좋아지기도 합니다. 그런 순간에도 기억하세요. 하나님은 우리 인생을 설계하신다는 것입니다.

우리의 시작은 하나님이었습니다. 우리 인생 내가 만들지 않았습니다. 그러므로 나의 가치는 성공과 실패에 달려있지 않습니다. 하나님의 계획안에 있느냐의 여부에 달려 있습니다.

오늘 이 자리에서 조용히 고백해 보시기 바랍니다.

하나님!
제 인생의 시작이 아버지였음을 믿습니다.
제 어제의 실수도, 오늘의 눈물도, 내일의 걱정도 모두 아버지의 사랑 안에 있음을 믿습니다.
창조주 하나님 오늘도 제 하루를 함께 써 내려가 주세요.
제 인생의 마지막 페이지도 아버지가 써주시옵소서.

오늘이 흔들려도 시작이 하나님이었다는 사실만큼은 영원히 변하지 않습니다. 하나님의 MBTI는 완벽한 J형입니다. 그분은 지금도 당신의 인생을 세밀하게 그리고 사랑으로 설계하고 계십니다. 창조신앙은 과거의 설명이 아니라, 오늘의 위로이며, 내일의 소망입니다. 당신의 시작은 하나님의 사랑이었습니다. 그러므로 당신의 끝도 그 사랑 안에서 완성될 것입니다.

13

뼈가 마르도록 영적 근심을 해야 합니다

내가 지금 기뻐함은 너희로 근심하게 한 까닭이 아니요

도리어 너희가 근심함으로 회개함에 이른 까닭이라

너희가 하나님의 뜻대로 근심하게 된 것은

우리에게서 아무 해도 받지 않게 하려 함이라

하나님의 뜻대로 하는 근심은

후회할 것이 없는 구원에 이르게 하는 회개를 이루는 것이요

세상 근심은 사망을 이루는 것이니라

보라 하나님의 뜻대로 하게 된 이 근심이

너희로 얼마나 간절하게 하며 얼마나 변증하게 하며

얼마나 분하게 하며 얼마나 두렵게 하며

얼마나 사모하게 하며 얼마나 열심 있게 하며

얼마나 벌하게 하였는가

너희가 그 일에 대하여

일체 너희 자신의 깨끗함을 나타내었느니라

___ 고린도후서 7:9-11절

하나님은 한 가지를 찾으십니다

하나님께서는 우리에게 무엇을 요구하실까요? 하나님께서 우리에게 찾으시는 것은 무엇일까요? 하나님께서 우리에게 요구하시는 것은 세상의 그 어떤 성공도, 화려한 업적도 아닙니다. 오직 한 가지, 우리 자신을 철저히 돌아보며 뼈가 마르도록 근심하는 것입니다.

다윗은 자신의 죄를 숨기려 했던 시간들을 이렇게 고백했습니다. "내가 입을 열지 아니할 때에 종일 신음하므로 내 뼈가 쇠하였도다(시 32:3)." 이것은 단순한 은유가 아닙니다. 영혼의 병든 상태가 육체에까지 영향을 미치는 실제적 고통이었습니다. 우리는 종종 이런 고통을 피하려고 합니다. 양심의 소리를 외면하고, 성령의 책망을 무시하며, 편안한 신앙생활을 추구합니다. 그러나 다윗은 달랐습니다. 그는 자신의 뼈가 마를 정도로 깊이 회개했습니다. 그 회개로 하나님과의 관계가 온전히 회복되었습니다. 진정한 삶은 고통을 통해서만 배울 수 있기 때문입니다.

바울 역시 고린도 교회에게 동일한 메시지를 전합니다.

"하나님의 뜻대로 하는 근심은 후회할 것이 없는 구원에 이르게 하는 회개를 이루는 것이요, 세상 근심은 사망을 이루는 것이니라(10절)."

이는 단순한 권면이 아니라, 영적 생명을 위한 필수 조건입니다. 하나님은 우리의 자존심이 완전히 무너지고, 우리의 교만이 철저히 깨어질 때까지 기다리십니다. 그때야 비로소 진정한 치유와 회복이 시작됩니다. 오늘 하나님은 바로 세상 근심을 버리고 '하나님의 뜻대로 근심하는' 그 마음을 찾으십니다.

우리는 누구처럼 근심합니까?

사도 바울은 하나님의 뜻대로 근심하는 자였습니다. 반면에 라오디게아 교회는 세상 근심으로 죽어가는 교회였습니다.

라오디게아 교회의 근심은 하나님 앞에서의 영적 상태가 아니라 세상에서의 부와 안락함을 지키는 데 있었습니다. 영적 감각이 마비된 채 자신들의 참된 상태를 알지 못한 것이 가장 큰 위험이었습니다. 이들에게 가장 무서운 것은 고통이 아니라 무감각이었습니다. 영적인 감각이 마비되어 자신의 참된 상태를 알지 못하는 것이야말로 가장 위험한 상태입니다. 라오디게아 교회에 하나님의 뜻대로 근심하고자 하는 마음의 공간은 전혀 없었습니다.

현대 교회와 우리 자신을 돌아보십시오. 우리는 얼마나 자주 형식적인 예배에 만족하며, 피상적인 신앙고백으로 스스로를 속이고 있습니까? 칼 바르트는 "교회의 가장 큰 적은 박해가 아니라 만족"이라고 경고했습니다.

하나님은 라오디게아 교회에게 "네가 차지도 뜨겁지도 아니하므로 내 입에서 너를 토하여 내치리라"고 말씀합니다. 이 얼마나 심각한 경고입니까! 우리는 지금 어느 위치에 서 있습니까? 뜨겁습니까, 차갑습니까, 아니면 그 위험한 미지근함에 빠져 있습니까?

사도 바울의 삶을 보면 놀라운 것을 발견합니다. 그는 끊임없이 자신을 점검합니다. "내가 내 몸을 쳐 복종하게 함은 내가 남에게 전파한 후에 자신이 도리어 버림받을까 두려워함이로다(고전 9:27)." 복음을 전한 뒤에 버림받을 수 있다는 것이 바울이 뼈가 마르도록 하는 근심의 실제입니다.

바울은 자신을 "사도 중에 가장 작은 자(고전 15:9)", "죄인 중에 괴수(딤전 1:15)"라고 고백했습니다. 이는 자기비하가 아니라 철저한 자기 성찰의 결과였습니다. 그는 날마다 자신의 행동 동기를 점검하고, 자신의 마음 상태를 하나님 앞에 드러냈습니다.

어느 목사님이 "고생이 되어도 하나님의 뜻대로 살다가 죽고 싶다."라고 고백했다는 이야기를 들었습니다. 이 고백 속에는 세상의 편안함보다 하나님의 뜻을 더 사모하는 간절한 마음이 담겨 있었습니다. 이것이 바로 하나님이 찾으시는 근심입니다.

고린도교회는 존재가 변했습니다

바울의 편지를 받은 고린도 교회 성도들의 반응을 보십시오. "간절함과 변명함과 분함과 두려움과 사모함과 열심과 벌함을 이루었는가." 이들은 단순히 미안하다고 말하는 것으로 끝내지 않았습니다. 그들의 온 존재가 변화되었습니다.

'간절함'은 하나님을 향한 갈급한 마음입니다. '분함'은 죄에 대한 의로운 분노입니다. '두려움'은 하나님을 경외하는 마음입니다. '사모함'은 거룩함을 향한 열망입니다. '열심'은 회복을 위한 적극적 노력입니다. '벌함'은 죄에 대한 단호한 결별을 의미합니다.

이것이 바로 뼈가 마르도록 근심한 결과입니다. 피상적인 후회가 아니라 존재 전체의 변화입니다. 일시적인 감정이 아니라 지속적인 헌신입니다. 말뿐인 다짐이 아니라 실제적인 행동의 변화가 일어났습니다.

현대를 살아가는 우리에게도 같은 도전이 주어집니다. 물질의 풍요와 정보의 홍수 속에서 우리의 영적 감각은 점점 무뎌지고 있습니다. SNS의 가상적 만족과 종교적 형식주의의 함정에 빠져 진정한 영적 갈급함을 잃어버리고 있습니다.

하나님은 지금도 우리에게 묻고 계십니다.

너는 정말로 나를 사랑하느냐?

너는 정말로 거룩해지기를 원하느냐?

너는 정말로 나의 뜻을 행하고 싶으냐?

이 질문들 앞에서 우리는 어떻게 대답할 수 있겠습니까?

우리가 해야 할 일은 모든 것을 살아내는 것뿐입니다. 신앙생활도 마찬가지입니다. 우리는 영적 근심을 포함한 모든 영적 경험들을 온전히 살아내야 합니다. 회피하거나 타협하지 말고, 하나님께서 허락하신 영적 여정을 끝까지 걸어가야 합니다.

근심이 가져오는 축복은 영원한 평안입니다

뼈가 마르도록 근심하는 것이 고통스럽긴 하지만, 그 끝에는 놀라운 축복이 기다리고 있습니다. 바울은 "하나님의 뜻대로 하는 근심은 후회할 것이 없는 구원에 이르게 하는 회개를 이루는 것(고후 7:10)"이라고 말합니다. '후회할 것이 없는'이라는 표현에 주목해보십시오. 세상의 근심은 우리를 후회로 이끌지만, 하나님의 근심은 우리를 확신으로 이끕니다. 세상의 근심은 우리를 절망으로 몰아가지만, 하나님의 근심은 우리를 소망으로 인도합니다.

다윗이 철저히 회개한 후 "나의 죄를 말하며 나의 죄악 때문에 근심하리로다."라고 고백했을 때 그 마음에는 절망이 아니라 새로운 결단이 있었습니다. 하나님과의 관계가 회복된 기쁨이 있었습니다.

지금 이 시간부터 매순간이 회개의 순간이 되어야 합니다. 우리는 언제부터 영적 근심을 시작해야 할까요? 바로 지금입니다. 내일을 기약할 수 없고, 어제는 이미 지나갔습니다. 오직 지금, 이 순간만이 우리에게 주어진 은혜의 때입니다. 존 웨슬리는 '그리스도인의 완전'을 추구했습니다. 임종 시에 "나는 아직도 죄인일 뿐"이라고 고백했습니다. 이는 절망이 아니라 겸손이었습니다. 포기가 아니라 더 깊은 은혜에 대한 갈망이었습니다.

오늘 밤, 잠자리에 들기 전에 조용히 자신을 돌아보십시오. ‘오늘 내가 하나님을 기쁘시게 한 것은 무엇인가?’, ‘오늘 내가 하나님의 마음을 아프게 한 것은 무엇인가?’, ‘나는 정말로 하나님을 사랑하고 있는가?’, ‘나의 신앙은 살아 있는가, 죽어있는가?’, ‘나는 세상과 타협하며 살고 있지는 않은가?’ 이런 질문들 앞에서 마음이 아파져 온다면, 그것이 바로 하나님의 은혜입니다. 이런 질문들은 우리를 더욱 거룩한 삶으로 이끄는 나침반입니다.

기도하는 시간에, 말씀을 읽는 시간에, 예배하는 시간에 우리의 마음이 뜨겁게 타오르지 않는다면 문제가 있는 것입니다. 하나님 앞에서 눈물을 흘린 지 언제나 되었습니까? 죄를 깨닫고 진심으로 아파한 것이 언제였습니까?

하나님은 우리가 뼈가 마르도록 근심하기를 원하시지만, 그것이 절망으로 끝나기를 원하지는 않으십니다. 오히려 그 근심을 통해 우리가 더욱 깊은 은혜를 경험하고, 더욱 확실한 구원의 확신을 갖기를 원하십니다. 다윗이 “내 뼈가 쇠하였도다”라고 고백한 후, 곧이어 “내가 이르기를 여호와께 내 허물을 자복하리라 하고 주께 내 죄를 아뢰고 내 죄악을 숨

기지 아니하였더니 곧 주께서 내 죄악을 사하셨나이다"라고 고백한 것을 기억하십시오.

우리의 근심도 마찬가지입니다. 철저한 자기 성찰과 진정한 회개를 통해 하나님과의 관계가 더욱 견고해지고, 우리의 신앙이 더욱 확실해집니다. 고통의 끝에는 치유가, 눈물의 끝에는 기쁨이, 근심의 끝에는 평안이 기다리고 있습니다.

하나님께서 오늘 우리에게 주시는 메시지는 분명합니다. 하나님께서는 자신의 아들, 딸인 우리에게 더 이상 미지근한 신앙으로 만족하지 말라고 하십니다.

뼈가 마르도록 주님을 사모하세요.
뼈가 마르도록 거룩함을 추구하세요.
뼈가 마르도록 자신을 돌아보세요.

그럴 때 참된 기쁨과 영원한 평안을 경험하게 될 것입니다. 고통 없는 행복은 존재하지 않습니다. 영적 성장도 마찬가지입니다. 자기 성찰의 고통 없이는 참된 거룩함에 이를 수 없습니다.

14

욕망의 계륵이 되지 말고 거룩한 야망의 사람이 되십시오

삼손이 레히에 이르매

블레셋 사람들이 그에게로 마주 나가며 소리 지를 때

여호와의 영이 삼손에게 갑자기 임하시매

그의 팔 위의 밧줄이 불탄 삼과 같이 그의 결박되었던 손에서 떨어진지라

삼손이 나귀의 새 턱뼈를 보고 손을 내밀어 집어들고 그것으로 천 명을 죽이고

이르되 나귀의 턱뼈로 한 더미, 두 더미를 쌓았음이여

나귀의 턱뼈로 내가 천 명을 죽였도다 하니라

그가 말을 마치고 턱뼈를 자기 손에서 내던지고

그 곳을 라맛 레히라 이름하였더라

삼손이 심히 목이 말라 여호와께 부르짖어 이르되

주께서 종의 손을 통하여 이 큰 구원을 베푸셨사오나

내가 이제 목말라 죽어서 할례 받지 못한 자들의 손에 떨어지겠나이다 하니

하나님이 레히에서 한 우묵한 곳을 터뜨리시니

거기서 물이 솟아나오는지라 삼손이 그것을 마시고 정신이 회복되어 소생하니

그러므로 그 샘 이름을 엔학고레라 불렀으며

그 샘이 오늘까지 레히에 있더라

블레셋 사람의 때에

삼손이 이스라엘의 사사로 이십 년 동안 지냈더라

___ 사사기 15:14-20절

마음속에는 자리 잡은 계륵이 있습니다

'계륵'이라는 단어를 아시나요? 버리자니 아깝고 취하자니 쓸모없는 것을 말합니다. 삼국지의 조조가 닭갈비를 먹으며 한중 땅을 놓고 고민하던 그 이야기처럼, 우리 인생에도 그런 계륵들이 있습니다. 책상 위에 쌓인 읽지 않는 책들, 서랍 속 끊어진 목걸이, 연락하지도 않으면서 지우지 못하는 전화번호 등입니다.

무엇보다도 우리 마음 깊숙한 곳에 자리 잡은 계륵이 있습니다. 바로 욕망입니다. 버릴 수 없고, 취할 수 없는 애매한 무게. 그 욕망이 오늘날 우리를 흔들고 있습니다.

구약의 삼손에게도 계륵이 자리 잡고 있습니다. 사사기 15장에는 삼손이 나귀 턱뼈 하나로 천 명의 블레셋 사람들을 죽이는 장면이 나옵니다. 이는 엄청난 힘, 놀라운 승리입니다. 하지만 이 승리 뒤에 숨겨진 이야기를 들여다보면 우리는 충격적인 진실을 발견합니다.

삼손의 전투는 하나님의 명령으로 시작되지 않았습니다. 그것은 개인적인 분노에서 비롯된 보복이었습니다. 아내를 잃은 상처, 조롱당한 자존심, 배신당한 마음이 만들어낸 폭풍과 같은 힘이 나타났습니다. "성령이 강하게 임하시니까 그가 행한 것이 여호와께서 기뻐하시는 일같이 되었더라(14절)" 성경은 이처럼 기록했습니다. 과연 그 결과는 어땠을까요? 천 명을 죽인 후 삼손이 한 말을 들어보십시오. "나귀의 턱뼈로 한 더미, 두 더미를 쌓았음이여(16절)."

여기에는 하나님께 대한 감사도, 이스라엘을 향한 사랑도 없습니다. 오직 자신의 힘에 대한 자랑만 있을 뿐입니다. 하나님의 힘으로 행한 일인데, 그 영광을 자신이 가로챈 것입니다.

욕망이라는 계륵은 자신을 망가뜨립니다

삼손은 특별한 사람입니다. 태어나기 전부터 하나님의 부르심을 받은 구원자였습니다. 하지만 그의 삶을 관통하는 것은 구원자의 마음이 아니라 개인적 욕망이었습니다. 그는 딤나의 여인을 보고 "내가 그 여자를 좋아하오니 나를 위하여 그 여자를 데려오소서(삿 14:3)"라고 했던 것처럼, 삼손의 삶은 철저히 '내가 원하는 것'을 중심으로 돌아갔습니다. 하나님께서 주신 엄청난 능력도, 사사라는 거룩한 사명도, 모든 것이 자신의 욕망을 채우는 도구로 전락했습니다.

삼손이 20년간 사사 역할을 했습니다. 그의 시대에는 평화도 없었습니다. 백성들의 회개도 없었습니다. 하나님 나라의 확장도 없었습니다. 단지 유명무실한 리더십, 공허한 영웅 신화만 남겼을 뿐입니다.

욕망이 주인이 되면, 하나님께서 주신 모든 것이 계륵이 됩니다. 있어도 문제, 없어도 문제인 애매한 존재가 되는 것입니다.

우리는 욕망을 완전히 버려야 할까요? 아닙니다. 욕망 없는 인생은 가능하지도 않고, 바람직하지도 않습니다. 욕망은 하나님께서 인간에게 주신 소중한 선물입니다. 더 나은 것을 추구하고, 성장하고, 창조하게 만드는 원동력입니다. 문제는 그 욕망이 누구를 중심으로 하느냐는 것입니다. 내가 중심이 되면 그것은 이기적 욕망이 됩니다. 하나님이 중심이 되면 거룩한 야망이 됩니다.

기독교는 금욕주의가 아닙니다. 하나님은 무기력하고 의욕 없는 삶을 원하지 않으십니다. 오히려 그분의 나라를 향한 뜨거운 열정, 거룩한 야망을 품고 살기를 원하십니다. 다윗이 성전을 짓고 싶어 했던 것, 바울이 복음을 전하려는 열망, 느헤미야가 성벽을 재건하려던 간절함 등, 이 모든 것이 하나님께서 기뻐하시는 거룩한 야망이었습니다. 야망 자체

가 문제가 아닙니다. 하나님 없는 야망이 문제일 뿐입니다.

거룩한 야망으로 살아야 합니다

삼손과 정반대의 삶을 산 사람이 있습니다. 사도 바울입니다. 바울도 강렬한 욕망을 가진 사람이었습니다. 복음을 전하고 싶은 열망, 교회를 세우고 싶은 간절함, 그리스도를 닮고 싶은 갈망 등이 있었습니다.

그의 고백을 들어보십시오. "나는 성령에 매여 예루살렘으로 간다(행 20:22)."라고 말합니다. "내가 달려갈 길과 주 예수께 받은 사명을 마치려 함에는 내 생명을 조금도 귀한 것으로 여기지 아니하노라(행 20:24)."라고 결단합니다. 거룩한 욕망으로 살아가는 바울은 삼손과 다르게 살고 있습니다. 욕망으로 살지 않고 자기의 생명도 버릴 태도로 삽니다.

삼손은 정욕에 매여 살았지만 바울은 성령에 매여 살았습니다. 둘 다 강렬한 욕망을 가졌지만, 그 욕망의 주인이 달랐습니다. 그 차이가 두 사람의 인생을 완전히 다르게 만들었습니다. 삼손의 욕망은 자신을 파괴했지만, 바울의 야망은 세상을 변화시켰습니다.

우리는 바울처럼 거룩한 야망으로 살아야 합니다. 그렇다면 어떻게 이기적 욕망을 거룩한 야망으로 바꿀 수 있을까요?

첫째, 매일 아침 하나님께 마음을 내어드리십시오. '주님, 오늘 제 마음을 주님께 맡깁니다. 제 욕망이 아니라 주님의 뜻이 이루어지게 하소서.'라고 기도해야 합니다. 이 간단한 기도가 우리의 하루를 바꿉니다. 우리의 인생을 바꿉니다.

둘째, 내 꿈과 하나님의 꿈이 만나는 지점을 찾으십시오. 하나님은 우리의 달란트와 관심사를 통해 일하십니다. 내가 좋아하는 일, 잘하는 일로 어떻게 하나님 나라를 섬길 수 있는지 찾아보십시오.

셋째, 성령님의 음성에 민감해지십시오. 말씀을 읽고, 기도하고, 성도들과 교제하면서 성령님이 내 마음에 주시는 감동을 놓치지 마십시오. 그 작은 음성이 우리를 거룩한 야망으로 이끕니다.

넷째, 작은 것부터 순종하십시오. 거대한 비전도 작은 순종에서 시작됩니다. 이웃에게 친절하세요. 직장에서 정직하세요. 가족을 사랑하세요. 이런 일상의 순종이 거룩한 야망의 토대가 됩니다.

새로운 꿈을 품으십시오

오늘 여러분 마음속의 계륵을 다시 보십시오. 버리자니 아깝고, 취하자니 부담스러운 그 욕망들을 확인하십시오. 이제 그 자리를 과감하게 비우십시오. 그다음 하나님께 물으십시오. '주님은 무엇을 꿈꾸고 계십니까? 주님의 마음은 무엇을 향해 뛰고 있습니까?' 계륵의 꿈을 버리고 하나님이 주시는 새로운 꿈을 마음속에 품어야 합니다.

하나님의 꿈이 내 꿈이 될 때, 내 인생은 가장 위대한 드림의 삶으로 바뀝니다. 나귀 턱뼈 하나로 천 명을 죽였지만 공허했던 삼손이 아니라, 매 맞고 감옥에 갇혀도 기뻤던 바울처럼 살 수 있습니다. 성령에 묶여, 거룩한 야망으로 가득 찬 삶을 살 수 있습니다.

오늘부터 여러분은 계륵 같은 욕망의 노예가 아니라,
성령에 매인 거룩한 야망의 사람입니다.
그 거룩한 야망이 여러분의 인생을
하나님의 걸작으로 만들어 갈 것입니다.

15

리셋(Reset)하고,
리스타트(Restart)
하십시오

하나님이 야곱에게 이르시되

일어나 벧엘로 올라가서 거기 거주하며

네가 네 형 에서의 낯을 피하여 도망하던 때에

네게 나타났던 하나님께 거기서 제단을 쌓으라 하신지라

야곱이 이에 자기 집안 사람과 자기와 함께 한 모든 자에게 이르되

너희 중에 있는 이방 신상들을 버리고

자신을 정결하게 하고 너희들의 의복을 바꾸어 입으라

우리가 일어나 벧엘로 올라가자 내 환난 날에 내게 응답하시며

내가 가는 길에서 나와 함께 하신 하나님께 내가 거기서 제단을 쌓으려 하노라 하매

그들이 자기 손에 있는 모든 이방 신상들과 자기 귀에 있는 귀고리들을 야곱에게 주는지라

야곱이 그것들을 세겜 근처 상수리나무 아래에 묻고

그들이 떠났으나 하나님이 그 사면 고을들로 크게 두려워하게 하셨으므로

야곱의 아들들을 추격하는 자가 없었더라

야곱과 그와 함께 한 모든 사람이 가나안 땅 루스 곧 벧엘에 이르고

그가 거기서 제단을 쌓고 그 곳을 엘벧엘이라 불렀으니

이는 그의 형의 낯을 피할 때에 하나님이 거기서 그에게 나타나셨음이더라

리브가의 유모 드보라가 죽으매 그를 벧엘 아래에 있는 상수리나무 밑에 장사하고

그 나무 이름을 알론바굿이라 불렀더라

야곱이 밧단아람에서 돌아오매

하나님이 다시 야곱에게 나타나사 그에게 복을 주시고

＿ 창세기 35:1-9절

하나님과 관계가 삐걱거리면 삶도 삐걱거립니다

삶은 관계라고 합니다. 사람은 태어나는 순간부터 부모와의 관계 속에서 존재를 확인합니다. 혼자 존재할 수 있는 사람은 아무도 없습니다. 인간이라면 누군가와는 반드시 관계를 맺고 살아갑니다.

행복과 불행은 결국 관계의 질에서 비롯됩니다. 관계가 무너지면 삶 전체가 흔들리고, 관계가 회복되면 삶도 다시 빛을 찾습니다. 외로움은 단순한 감정이 아니라 관계가 끊어진 상태에서 오는 깊은 고통입니다. 인간관계에서 좋은 결과를 거두기 위해 수많은 자기계발서, 강의가 넘쳐납니다.

인간관계가 삶을 좌우하듯, 성도의 삶을 결정하는 가장 근본적 관계는 하나님과의 관계입니다. 만약 하나님과 관계가 좋지 않다면 빨리 회복해야 합니다. 하나님과의 관계를 회복하는 것이야말로 인생의 모든 문제를 해결하는 유일한 해답이기 때문입니다. 하나님과 관계 회복은 과거의 영적 출발점으로 돌아가는 것을 통해 실현됩니다. 이것이 창세기 35장이 우리에게 제시하는 분명하고 확실한 진리입니다.

많은 사람이 인생의 문제를 해결하기 위해 새로운 방법을 찾으려 합니다. 더 나은 계획, 더 효율적인 시스템, 더 강력한 의지력을 추구합니다. 하지만 야곱의 경험이 우리에게 보여주는 것은 전혀 다릅니다. 하나님의 해결책은 나은 계획을 짜는 것이 아니라 영적 출발점으로 돌아가는 것이었습니다.

야곱 가족이 직면했던 상황이 있습니다. 창세기 34장에서 35장으로 이어지는 이야기는 한 가정이 어떻게 완전한 파탄 직전까지 갈 수 있는지를 적나라하게 보여줍니다.

먼저 디나 사건이 발생합니다. 야곱의 딸 디나가 세겜 족장의 아들에게 욕을 당하는 일이 벌어졌습니다. 그 후 시므온과 레위가 복수라는 명분으로 세겜 성 사람들을 모두 죽이는 끔찍한 일이 일어났습니다. 이로 인해 야곱의 가족은 주변 모든 민족들의 적이 되었습니다. 이런 상황에 야곱은 절망적으로 탄식합니다. "야곱이 시므온과 레위에게 이르되 너희가 내게 화를 끼쳐 나로 하여금 이 땅의 주민 곧 가나안 족속과 브리스 족속에게 악취를 내게 하였도다 나는 수가 적은즉 그들이 모여 나를 치고 나를 죽이리니 그러면 나와 내 집이 멸망하리라(창 34:30)."

여기서 문제를 관통하는 공통점이 있습니다. 야곱 가족은 하나님의 뜻을 구하지 않고 자신들의 방법으로 문제를 해결하려 했다는 것입니다. 디나 사건이 발생했을 때도, 복수를 계획할 때도, 그 후 위기를 모면하려 할 때도 마찬가지입니다.

하나님은 질서와 평화의 하나님이십니다. 따라서 하나님을 떠나 인간의 방법만으로 살아가는 곳에는 필연적으로 무질서와 갈등이 발생할 수밖에 없습니다. 이것은 야곱 가족만의 문제가 아닙니다. 개인의 삶에서든 사회에서든, 하나님과의 관계가 단절된 곳에는 반드시 문제가 발생합니다. 우리가 아무리 노력해도 해결되지 않는 문제들이 있다면 그 뿌리는 하나님과의 관계 문제일 가능성이 높습니다. 우리가 해야 할 첫 번째 일은 문제 해결책을 찾는 것이 아니라, 하나님과의 관계를 회복하는 것입니다.

절망의 순간에는 하나님 안에서 리셋해야 합니다

"일어나 벧엘로 올라가서 거기 거주하며 네가 네 형 에서의 낯을 피하여 도망하던 때에 네게 나타났던 하나님께 거기서 제단을 쌓으라(1절)."

야곱 집안에 심각한 문제가 발생했습니다. 이 문제로 야곱 가족은 절망적인 상황에 놓입니다. 이럴 때 하나님께서 야곱

에게 말씀하십니다. 이 명령에는 깊은 의미가 담겨 있습니다. 하나님은 야곱에게 새로운 해결책을 제시하지 않으셨습니다. 대신 과거의 은혜의 자리로 돌아가라고 명령하십니다.

벧엘은 20년 전 야곱이 형 에서를 피해 도망치던 중에 하나님을 만났던 곳입니다. 돌베개를 베고 잠들었던 그곳에서 하나님이 약속하셨습니다.

"내가 너와 함께 있어 네가 어디로 가든지 너를 지키며 너를 이끌어 이 땅으로 돌아오게 할지라(창 28:15)."

하나님의 해결책은 혁신이 아니라 회복이었습니다. 새로운 방법을 찾는 것이 아니라, 하나님과의 원래 관계를 회복하는 것이었습니다. 이것이 바로 영적 리셋의 핵심입니다. 우리에게도 그런 벧엘이 있습니다. 처음 예수님을 만났던 순간, 말씀 앞에서 감격했던 시간, 기도 응답을 받고 눈물 흘렸던 경험들 말입니다.

회복은 반드시 실제적 변화를 동반합니다

"야곱이 이에 자기 집안 사람과 자기와 함께 한 모든 사람에 야곱이 하나님의 명령에 어떻게 반응했는지 보십시오. 그는 즉시 구체적이고 실제적인 행동을 취했습니다. 이는 단순한 종교적 의식이 아니었습니다. 진정한 삶의 변화였습니다. 이방 신상들을 버린다는 것은 잘못된 의존 대상들을 제거하는 것을 의미합니다. 자신을 정결하게 한다는 것은 내적 정화를 상징합니다. 옷을 바꾸어 입는다는 것은 외적 변화를 상징합니다.

여기서 중요한 것은 야곱의 명령에 대한 가족들의 반응입니다. “그들이 모든 이방 신상들과 귀고리들을 야곱에게 주는지라(4절).” 진정한 영적 회복이 일어났다는 증거입니다. 만약 영적 회복이 실제적인 변화를 가져오지 않는다면 그것은 진정한 회복이 아닙니다.

우리의 신앙생활도 마찬가지입니다. 하나님과의 관계 회복이 절실하다면 그것은 반드시 우리의 삶에 구체적인 변화를 가져옵니다. 삶의 우선순위가 바뀝니다. 하나님과 관계가 회복됩니다. 나의 신앙 습관이 변화됩니다. 하나님을 중심으로 한 가치관이 정립될 것입니다.

야곱의 벧엘 여행에서 주목할 점이 하나 더 있습니다. "야곱과 그와 함께 한 모든 사람이 가나안 땅 루스 곧 벧엘에 이르니(6절)." 야곱은 혼자 벧엘로 가지 않았습니다. 가족과 함께, 종들과 함께 갔습니다.

이것이 중요한 이유가 무엇일까요? 첫째, 문제의 발생 자체가 개인적이지 않았기 때문입니다. 디나 사건과 그 후폭풍은 야곱 개인만의 문제가 아니라 가족 전체의 문제였습니다. 둘째, 하나님과의 관계 회복은 개인을 넘어 공동체 전체에 영향을 미치기 때문입니다. 셋째, 지속가능한 변화는 공동체적 지지가 있어야 가능하기 때문입니다. 우리 시대의 개인주의적 신앙은 성경적이지 않습니다. 개인의 영적 회복이 진정성을 갖기 위해서는 반드시 공동체적 차원에서 이루어져야 합니다. 가정에서, 교회에서, 직장에서 함께 하나님을 추구하고 함께 변화해 나가야 합니다.

영적 회복이란 새로운 정체성의 사람이 되는 것입니다

"하나님이 그에게 이르시되 네 이름이 야곱이지마는 네 이름을 다시는 야곱이라 부르지 않겠고 이스라엘이 네 이름이 되리라 하시고(창 35:10)."

벧엘에 도착한 야곱에게 놀라운 일이 일어났습니다.

야곱에서 이스라엘로의 이름 변경은 단순한 변경이 아닙니다. 정체성의 근본적 변화입니다. 야곱은 '속이는 자'라는 뜻이고, 이스라엘은 '하나님과 겨루어 이긴 자'라는 뜻입니다. 하나님은 야곱을 더 이상 과거의 실패로 정의하지 않으십니다. 대신 하나님의 은혜 안에서의 새로운 정체성을 확증해 주십니다. 이것이 바로 영적 회복의 최종 목표입니다.

우리가 과거의 실패와 상처로 자신을 규정하지 않고, 하나님의 자녀로서의 새로운 정체성으로 살아가는 것입니다. 하나님은 우리를 '패한 사람', '문제 많은 사람', '부족한 사람'으로 부르지 않으십니다. '사랑하는 자녀', '귀한 존재', '소망의 사람'으로 부르십니다.

이 시점에서 몇 가지 의문이 생길 수 있습니다. 첫 번째 의심은 "과거로 돌아가는 것이 과연 진보일까요? 퇴보 아닌가요?" 이런 질문을 할 수 있습니다. 하지만 벧엘로 돌아가는 것은 시간적 퇴보가 아닙니다. 영적 원점으로의 회귀입니다.

야곱은 20년 전과 같은 사람이 아니었습니다. 수많은 경험과 시련을 통해 성숙한 상태에서 영적 출발점을 재확인했습니다. 두 번째 의심을 가질 수 있습니다. "종교적 의식으로 실제 문제가 해결될까요?" 하지만 야곱의 벧엘 회복 이후

실제로 모든 문제가 해결되었습니다. 이웃 민족들이 더는 그들을 공격하지 않았고, 가족의 질서가 회복되었습니다.

진정한 영적 회복은 반드시 실제적 변화를 동반합니다. 세 번째 의심은 "개인의 신앙은 사적인 영역이 아닌가요?"라는 질문을 불러옵니다. 성경은 개인주의적 신앙을 지지하지 않습니다. 야곱의 사례가 보여주듯, 개인의 영적 상태는 반드시 공동체에 영향을 미치며, 따라서 회복도 공동체적 차원에서 이루어져야 합니다.

하나님의 방법으로 리스타트해야 합니다

리셋된 야곱의 가족은 영적 회복을 추구합니다. 우리도 오늘 야곱의 가족을 통해 우리가 해야 할 일이 무엇인지 명확하게 알 수 있습니다.

첫째, 우리의 현재의 문제들은 하나님과의 관계 단절에서 비롯되었다는 것을 인정해야 합니다.

둘째, 하나님은 영적 출발점으로의 회복을 통해 해결책을 제시하신다는 것을 믿어야 합니다.

셋째, 진정한 회복이 구체적이고 공동체적 변화를 동반

우리가 할 일이 무엇인지 인지했다면 다음으로 실천해야 한다. 우리가 해야 할 구체적인 실천 방법은 이렇습니다. 먼저 자신의 벧엘을 확인하십시오. 언제 처음 하나님을 만났습니까? 그때의 감격과 헌신은 어떠했습니까? 다음으로 현재 상태를 진단하십시오. 무엇이 하나님보다 우선순위가 되었습니까? 어떤 '이방 신상들'을 섬기고 있습니까? 그다음에는 구체적 행동을 취하십시오. 잘못된 의존 대상들을 제거하고, 하나님 중심의 새로운 질서를 세워 공동체와 함께 변화하십시오. 마지막으로 새로운 정체성으로 사십시오. 과거의 실패로 자신을 정의하지 말고, 하나님의 자녀로서의 정체성을 확신하십시오.

우리는 야곱처럼 벧엘로 올라가야 합니다. 오늘이야말로 당신의 벧엘로 돌아갈 수 있는 가장 좋은 날입니다. 하나님은 이미 그곳에서 당신을 기다리고 계십니다. 새로운 이름으로, 새로운 정체성으로 부르시기 위해 준비하고 계십니다. 이것은 단순한 감정적 호소가 아닙니다. 성경이 제시하는 논

리적이고 확실한 해결책입니다. 야곱이 경험한 것을 우리도 경험할 수 있습니다. 절망적인 상황에서 하나님의 부르심을 듣고, 영적 출발점으로 돌아가며, 구체적인 변화를 경험하고, 새로운 정체성으로 살아가는 것 말입니다.

하나님의 방법은 변하지 않습니다. 오늘도 그분은 우리를 벧엘로 부르고 계십니다. 더 이상 인간의 방법으로 문제를 해결하려 하지 마십시오. 하나님과의 관계 회복이야말로 모든 문제의 근본적 해결책입니다. 이것이 성경이 우리에게 제시하는 확실하고 변함없는 진리입니다.

에필로그

거룩한 충격, 이제는 당신의 삶으로

거룩한 충격은 단순한 감정의 체험이나 피상적인 반응에서
그치지 않습니다. 진짜 충격이라면 반드시 우리의 삶을 변화
시키고, 말과 태도, 관계의 근본을 새롭게 합니다. 참된 영적
변화는 '앎'에 머물지 않고 '살아냄'을 통해 완성됩니다.

이 책의 15편 메시지는 각기 다른 본문과 상황을 담고 있
더라도, 결국 하나의 진리로 귀결됩니다. 바로 "예수님을 만난

사람은 반드시 변한다."라는 사실입니다. 그 변화는 말보다 행동, 감정보다 결단, 형식이 아닌 열매로 경험해야 합니다.

이제 책장을 덮기 전에, 신앙고백 앞에 세 가지 질문을 던져야 합니다.

나는 정말 예수님을 만났는가?
그 만남은 내 삶에 어떤 거룩한 충격을 주었는가?
그 충격은 지금, 순종과 열매로 이어지고 있는가?

선택의 시간이 왔습니다. 받은 감동을 '좋은 책이었다'라는 평가로 마무리할지, 아니면 오늘 이 말씀대로 삶을 리셋(Reset)하고 리스타트(Restart)할지. 하나님은 오늘도 우리의 익숙함을 흔드시며, 진실한 예배자와 천국의 서기관으로 새롭게 빚으십니다.

거룩한 충격은 나 혼자만을 위한 것이 아닙니다. 그것은 이웃을 살리고, 공동체를 일으키며, 세상에 하나님의 임재를 드러내는 통로가 됩니다. 욕망의 계략을 내려놓고 거룩한 야망을 품을 때, 내가 변화될 때, 가정·교회·세상이 함께 달라집니다.

사랑하는 독자 여러분, 이제 감동에만 머무르지 마십시

오. 순종의 자리, 사명의 길로 나아가십시오. 신앙이란 결국 '하나님의 사명을 충성스럽게 감당하고 죽는 것'임을 마음에 새기고, 남을 살리는 후숙(後熟)의 영웅으로 살아가십시오.

하나님이 부르시는 그 자리로 담대히 나아가십시오. 말씀이 삶이 되고, 충격이 사명이 되며, 은혜가 사역으로 이어지는 살아 있는 신앙인으로 오늘을 시작하십시오. 거룩한 충격의 주인공이 되어 또 다른 이들에게 복음의 변화를 전하는 축복의 삶을 사시기를 주님의 이름으로 축복합니다.

청지기교회 담임목사 김용대